我會好好聽你說

對話困難的時代，聽人說話，和讓人聽你說話的技術。

聞く技術　聞いてもらう技術

東畑開人——著
翁碧惠——譯

自由學習 45

我會好好聽你說

對話困難的時代，聽人說話，和讓人聽你說話的技術

作　　者　東畑開人
譯　　者　翁碧惠
責任編輯　林博華
行銷業務　劉順眾、顏宏紋、李君宜
事業群總經理　林博華
發 行 人　謝至平
發 行 人　何飛鵬
出　　版　經濟新潮社
115台北市南港區昆陽街16號4樓
電話：(02)2500-0888　傳真：(02)2500-1951
經濟新潮社部落格：http://ecocite.pixnet.net
發　　行　英屬蓋曼群島商家庭傳媒股份有限公司城邦分公司
115台北市南港區昆陽街16號8樓
客服服務專線：02-25007718；25007719
24小時傳真專線：02-25001990；25001991
服務時間：週一至週五上午09:30-12:00；下午13:30-17:00
劃撥帳號：19863813；戶名：書虫股份有限公司
讀者服務信箱：service@readingclub.com.tw
香港發行所　城邦（香港）出版集團有限公司
香港九龍土瓜灣土瓜灣道86號順聯工業大廈6樓A室
電話：852-2508 6231　傳真：852-2578 9337
E-mail: hkcite@biznetvigator.com
馬新發行所　城邦（馬新）出版集團 Cite(M) Sdn. Bhd. (458372 U)
41, Jalan Radin Anum, Bandar Baru Sri Petaling,
57000 Kuala Lumpur, Malaysia.
電話：+6(03)-90563833　傳真：+6(03)-90576622
E-mail: services@cite.my
印　　刷　漾格科技股份有限公司
初版一刷　2024年12月3日

城邦讀書花園
www.cite.com.tw

ISBN：978-626-7195-81-9、978-626-7195-83-3（EPUB）　

定價：360元

〔推薦序〕

聆聽是一份人生的禮物，也是關係疏離的救贖

宋怡慧（作家）

在資訊爆炸、意見紛雜的時代，我們似乎迷失在無止盡的「表達濃霧」中。社群媒體上的激烈論戰、家庭飯桌上的冷漠對峙、辦公室裡的各說各話……我們真的越來越懂得「聆聽」對方說話了？當每個人都在高談闊論，卻沒有人願意真正聆聽時，人與人之間的距離正在悄悄拉遠。正如伏爾泰所說：「耳朵是通向心靈的路。」一個願意靜靜聆聽的人，往往能為黑暗的世界點亮一盞明燈，也意味著人生的希望就永遠都在。

在教育現場遇見聆聽的力量

作為一位在教育現場耕耘多年的老師，我深深被這本書觸動。每當看到那些低垂著

頭、不願開口的學生，或是在走廊上獨自徘徊的身影，我總會想起管理大師彼得・杜拉克的那句話：「最重要的溝通，是聽到沒說出口的話。」當每個人都只想表達、卻沒有人願意聆聽時，溝通就成了一場無聲的獨白。這本書的作者日本臨床心理師東畑開人在書中分享的許多案例，都在提醒我們：人的痛苦往往不是源於問題本身，而是來自「沒有人願意聽我說話」的深層孤獨。

以二十年臨床經驗解析人心

這本《我會好好聽你說》不只是一本談「聽」的技巧書，而是一部探索人心的深刻著作。東畑開人以其二十多年的臨床工作經驗，細膩剖析了「聽」與「被聽見」如何能夠療癒破碎的心靈，並從中重建斷裂的關係。他提出的觀點不只讓人眼前一亮，更猶如醍醐灌頂般讓我們深思：真正的聆聽不僅是一種技巧，更是一種態度、一份禮物。

在職場中創造雙向溝通的聆聽文化

特別值得一提的是書中對職場溝通的精準洞察力。在追求效率的現代職場中，我們常常忽略了「聽」的重要性。領導人並不是做出許多偉大的決策會讓屬下尊敬，而是在面對困境與挑戰時，每位團隊成員都感受到被真誠聆聽、被深刻理解的溫度，他們的工作熱情與創造力往往能得到意想不到的躍進與提升。書中提供的諸多建議如「讓對方決定會談的時間地點」、「共同散步回家」等看似簡單的互動方式，其實都是建立組織信任的重要基石。

在後疫情時代重建彼此友善的連結

疫情之後，「孤立感」似乎成了這個時代的集體印記。當我們聽到有人說「沒有人要聽我說話」時，他們渴望的或許不是專業的諮商建議，而是一個願意真誠陪伴、用心傾聽的朋友與知己。正如東畑開人在書中所強調的：「讓人聽你說話的技術」其實就是「讓人關心你的技術」。透過這種單純而深刻的人際連結，我們才能修復被講究績效、成果而被撕裂的疏離關係，也漸漸達到關係的修補和解。

凝聚非同溫層的溝通力量

在這個容易被同溫層思維困住的時代，我們往往對不同的聲音充滿敵意，也越來越不知道該如何與他人建立真實的連結。但東畑開人告訴我們：解決之道不在於華麗的表達技巧，而在於重新學會「聽」的藝術。當我們願意放下成見，真誠地聆聽那些與我們立場不同的聲音時，我們不只在療癒他人的孤獨，也在療癒自己心靈的荒蕪。東畑開人用溫暖而智慧的筆觸告訴我們：當我們學會聆聽，我們就能重建那些被切斷的人際連結；當我們被聽見，我們就能找回自己的聲音。聽的力量到底為何？一如日本外交官國武大紀說的：聽就是「理解對方的能力」，包括理解對方講話的內容，以及理解對方的情感。

邀請你重新發現聆聽的美好

在這個人心日漸疏離的時代，《我會好好聽你說》不只是一本溝通指引書，更是一份珍貴的邀請：邀請我們重新打開心扉，學習聆聽彼此的故事，一起編織一個更有溫度的世界。正如東畑開人在書中所說：「有時候，最偉大的禮物，就是願意好好聽別人說一句話。」

柴靜說：「我打破沉默的方法就是忘記自己，去傾聽他人心底的沉默。」當我們學會聆聽，那些被切斷的連結就能重新接合；當我們被聽見，那些失落的聲音就能重新響起。在這個喧囂的時代，或許我們最需要的，就是這樣一本教會我們如何「聽見愛」的書籍。因為唯有透過真誠的聆聽，我們才能走出自我的孤島，在理解與被理解中找到通往彼此的溝通橋梁。

〔推薦序〕

大人世界的基礎魔法：如何讓人開口說出「真實的孤獨」？

海苔熊（諮商心理師、Podcaster、Youtuber）

前陣子我在另一本書《向上教養》當中看到一個案例，一位年輕人抱怨他父母都不聽他的話、不按時服藥，但抱怨到後來，他赫然發現其實自己小時候也是一個不聽話的小孩，當他能夠以「誰都不想要被管」的心態理解父母時，心裡的那個結似乎就被打開了。更奇妙的是，有些老父母在孩子不強迫他們按時吃藥，而只是每天打電話關心他們身體狀況之後，反而就自己乖乖吃藥了。這個魔法是怎麼發生的呢？

聽不到，是因為心已滿

我在這本書《我會好好聽你說》裡面找到了答案！原來，我們常常抱怨自己的朋友、情人、家人都「聽不到、聽不懂」我們說的話，殊不知，有一種可能是他們的心已經太滿了，所以裝不進其他的人（包含眼前的我們）所說的話——這裡的心太滿有幾種意思：

- 我們的關係不好，可能是敵對、正在吵架、利益衝突、價值觀相反，所以我不想聽你說話。
- 我有很多心事（不論我有沒有想要去面對），光倒垃圾都來不及了，更沒有空間放你的故事。
- 我覺得很孤寂，這種孤寂甚至到了開不了口的程度，不知道怎麼開口，不知道要如何與人連結。

所以這本書的第一部分在談的是要如何「好好聽人說話」，裡面當然包含了許多諮商輔導系所一年級學生會學的一些非常匠氣的技巧，例如鸚鵡式的重複對方的最後一句話、聆聽時要有反應表情，但又不能夠太做作等等。我讀完這部分的感想是，每個人都會有自己聆聽的習慣，你可以用作者提供的方法當作種子，然後長出自己的樹來，否則依樣畫葫蘆的話一定會被看穿，畫虎不成反類犬。

真正被聽見的，是孤獨

談完了「聆聽術」，貌似這本書就要結束了，沒想到作者話鋒一轉，接著說：**人類最大的痛苦是孤獨，而聆聽的核心就是讓孤獨可以透過被聽懂、被了解而被消弭**。光是一個人沉默了五分鐘、十分鐘，最終在治療室最後能夠說出：「我真的覺得好寂寞……」就是一種很深刻的療癒了，畢竟要說出這些話，對於聽的那個人要有一定的信任，才能夠將他一部分的脆弱交出來，而這也是願意與人建立連結的開始。建立連結是一種弔詭，因為你不知道你把手伸出來，是會被接住還是會被傷害，但如果你永遠都沒有伸出手來，就會一直在蛋殼裡孤寂地過著餘生。

那如果你遇到住在蛋殼裡面的人，要如何讓他出來呢？作者提供的答案是**等待與時間**。我聽到這個答案時也（可能）跟你一樣：「蛤？」直到我看到下面這個例子，才恍然大悟。

作者曾每天家訪一位拒絕上學的孩子，每次到他家，孩子在睡都不出來見他，更遑論和他談上幾句話。他也曾經自我懷疑，這樣重複的出現，到底有什麼意義？但每一次他都留下紙條，說下週同一時間他還是會再來。不知道過了多久，突然有一天孩子對家人說：「那個人下星期應該會再來吧？然後留下字條就回去?!」再過了一段時間，孩子終於起床不再睡覺了，儘管仍然沒有跟作者見面……就這樣，改變和關係的建立就逐漸發生。

等等，所以這中間到底發生了什麼？為什麼重複做「看起來沒效果」的事情，最後會產生效果？作者說，每個人心裡面都住著多重心思，把它換成我的話來說：

- 想像一下你心裡面有一個穿著盔甲的戰士守衛，因為過去受過傷，所以告訴自己說，身邊任何想要靠近你的人都是敵人，所以你會把那些人越推越遠。
- 但心中還有另外一個角落有一個受傷的小孩，衣服破破爛爛的，發出「救救我～」的微弱聲音，他是想相信別人的、或者是渴望被靠近的。

那麼重複的來訪、時間和等待造成了什麼效果呢？在現實生活中，如果守衛連續執勤超過24小時也會打瞌睡，心靈的守衛也是一樣的，站久了也會累；而且長期下來，如果都沒有危險發生，守衛就會鬆懈下來，然後那個小孩的聲音就會變得明顯，從「救救我」的聲音，很可能會轉變成「好好奇那個每週來的大人到底想幹嘛？」——這就是等待的力量。

就是開不了口讓他知道

發現了嗎？**一個人之所以會覺得孤寂難耐，無法獨處，是因為缺乏安全感；而缺乏安全感的人就會在心靈城堡的周圍設立很多個守衛，也由於心靈無法休息，就會顯得非常疲累**，對他們來說，處處都是威脅，連芒草都會看成鬼。這裡的威脅可能是指：

- 生活的壓力：沒有金錢、住處、沒有自己的房間（所以作者在社會情懷上其實是支持有基本收入或者是基本住宅的，認為人類要先安定下來，才能夠自我實現）。
- 身心的疾病：沒有被給予「病人的角色」。例如明明已經罹患憂鬱症了，但因為沒有被診斷，於是常被身旁的人指點說是懶惰、玻璃心。
- 內心的種種雜音：這些雜音往往來自於過去的創傷，擔心別人討厭自己、害怕自己行為不合宜，怕麻煩別人等等。

像這樣的人，由於經常認為自己身處威脅當中，開不了口向別人求助也成為了一種常態，所以這本書的最後一個部分集中火力在談「如何讓別人聽你說話」。書裡面提供了許多有趣的小方法，例如在別人面前吃藥、找人陪你一起去廁所或抽根菸、每次上課都坐在某個人旁邊、戴上黑色的口罩等等，其實就是一些人際上的小暗示（讀到這裡，我覺得日本人真的是一個很含蓄的民族，那也要對方有get到才行啊！），當然這些方法不一定奏效、有些還有點小心機，所以作者也在書裡面徵求更多種方法。

但重點不是方法，而是作者藉由這些看起來很好笑的小技巧，點出**「讓別人聽你說話的方法」與「聽見別人說話的方法」是一體兩面的**。就像在諮商室裡面，有些時候案主他們不一定會透過真實的語言來表達，那些肢體動作、表情、沉默的姿態、甚至是「有沒有準時抵達」等等的非語言訊息都同等重要，這些也正是在做某一種「溝通」。所以，聆聽並不是只有聽聲音跟文字而已，還包含閱讀空氣。

聆聽，是大人的基礎魔法

整本書讀下來，我覺得最難能可貴的是，作者也分享了自己很難搞的經驗，在書裡面有蠻多的自我揭露，一邊讀的時候一邊有親切的感覺；只是因為這本書部分文字撰寫的時間是在日本Covid疫情嚴重、東京奧運前後，所以有一些時代背景可能和現在有點落差，但這個部分我覺得是瑕不掩瑜，甚至我覺得大家可以去翻閱當時的日本新聞做比對，就可以知道作者撰文的時候，內心還隱含著一些沒有消退的情緒（實在是性情中人啊！）。

回到一開始本文「魔法」的討論。在動畫《葬送的芙莉蓮》中，魔法師費倫只用基礎魔法就打敗非常多強大的敵人，對我來說，聆聽，就是大人世界的基礎魔法。

以前剛開始讀心理學的時候，總覺得心理學好棒，好厲害，常常一個實驗介入、一個操弄，結果就顯著了！似乎人類的行為可以很輕易地就被改變，各種花式的實驗派典（**paradigms**）就像是各種魔法一樣。後來越讀越多，才知道自己是多麼的愚蠢，實驗的效果之所以那麼鮮明，那是因為在其他條件都被控制好的情況下，特意突顯出來的。我們的真實生活是很複雜的，沒有什麼魔法是可以介入之後就**立即**奏效的（除了你的魔法小卡以外）。

知道心理學沒那麼厲害之後，其實我蠻失望的。

讀諮商以後有一段時間我更失望，因為老師總是說：「你先不要急著去幫當事人解決問題，先試著去理解、聽懂他到底想說的是什麼。」那時我總是心急又不耐煩、甚至覺得這個老師到底有沒有料？怎麼會沒有方法呢？理解又不能夠改變什麼？拋出一句**「你聽起來好難過⋯⋯」**，難道他就不會難過了嗎？

隨著時間我漸漸發現，治療師的理解本身雖然無法具體改變當事人的處境，但當一份苦有人能夠聽懂的時候，那個苦的重量似乎就會少一點了；此外，倘若治療師有在進行系統工作（例如和學生、家長、導師一起合作），那麼治療師的**聽懂**，就可以成為小孩和大人之間的橋梁。例如，當恨鐵不成鋼的父親，不再把孩子的拒學視為一種懶惰，而視為一種求救，父子關係就改變了。

理解對方的感受，給彼此多一點時間，最後，人與人之間的連結就會自然產生變化。一切都開始於「聽懂」，這個最基礎的魔法！

目次

第3章 聽的力量，關心的力量

前言

一開始，我想開門見山地切入主題，請問你是否了解「聽」（日文：聞く；音：きく）和「傾聽」（日文：聴く；音：きく）的不同？

根據日本NHK放送文化研究所網站的解釋，單純只是「聽」聲音的情況下，日文通常會使用「聞く」（聽），而帶有專注、深入（心神投入）或是主動探知內容的情況下，則應該使用「聴く」（傾聽）。

也就是說，**「聽」指的是單純的聲音進入了耳朵，而「傾聽」則是聽到了說話的人內心的心聲**。

在我們一般的日常生活之中，經常會出現「聽」這個字。例如，「我剛剛聽說股票好像又跌了」或者「我們剛剛說的話，部長好像完全沒在聽」。總之就是話已經進入了某人的耳朵，但有沒有聽進去就不知道了。

相對地，「傾聽」則會用在比較特別一點的場景。例如，「傾聽那首歌，勾起了我許多的回憶」，或者「部長很認真地傾聽我的說明」。所以，傾聽還帶有花了時間認真聆聽的意思。

也就是說，「聽」是被動的，而「傾聽」是主動的。

如果要讓身為心理師的我來定義的話，我會說**「聽」就是如字面上的意思，收到了對方所說的話，而「傾聽」則是聽出了對方所說的話背後所隱含的意思。**

這樣的解釋應該還算恰當。

✝本書的探索

那麼，「聽」與「傾聽」到底哪個比較困難呢？

老實說，我一直都認為「傾聽」遠比「聽」來得困難，而且我也一直都覺得「傾聽」是一門高技術含量的工作。

在我所專攻的臨床心理學之中，就經常使用「傾聽」這個詞彙。例如，日本傳奇的

臨床心理學家河合隼雄，就曾經出版了《傾聽內心的聲音》（原書名『こころの声を聴く』，一九九七年，新潮社）和《閱讀力與傾聽力》（原書名『読む力・聴く力』，二〇一五年，岩波現代文庫）這樣的書。

因此，我也曾經認為所謂的「聽」是每個人與生俱來的本能，而「傾聽」則是專業且具有高技術含量的工作。我也曾經認為，諮商心理師一定要能聽懂個案當事人話中所隱含的內心深處的想法。

當時的我真的很淺薄。

時至今日，如果你再問我，我一定會告訴你**「聽」應該遠遠難於「傾聽」**。

讀者的你可能會說：「怎麼會？」

但你有沒有發現，言談之間我們會說「都不聽我說話」，但如果寫成「都不傾聽我說話」，還真的蠻奇怪的，不是嗎？還有我們也會常說「聽不見」，但幾乎不會說「傾聽不到」這樣的話。

也就是說，當有人說「為什麼都不認真聽我說？」或「請等等，聽我說一下呀！」

的時候，他們所期待的應該是「聽」而不是「傾聽」。

這時候，說話的人所希望的並不是對方能了解他們內心深處的感受，而是希望至少能聽到他們所說的話。

他們所希望的是對方能認真對待他所說的話。這就是「好好聽我說」這個訴求的真正含義。

這真的很難。因為我們也會有無法真正接收到說話的人到底所言何物的時候。比如，有人對你說「我愛你」，當下你或許會立刻聯想到「這個人該不會是想圖謀我的遺產吧」，此時的我們可能只想去解讀這句話的背後含意，而無視於眼前這句話。

或者，有人對你說「你的話讓我很受傷」，此時的你也可能會立刻有所反應，並且立即反擊「你也有問題吧！」。

當然我們也會有不想聽的時候，也有力不從心沒辦法聽的時候。「聽」看似簡單，不就是將聲音聽入耳中就是了。但是，我們卻常常會將我們的耳朵堵起來，有聽而沒入耳。

「聽」是真的比「傾聽」更難。

與試圖了解對方內心深處的想法相比，認真地聽聽他們一字一句的訴說，確實更不容易。

那麼，我們該如何才能做到「聽」呢？這就是這本書想要探索的東西。

✝不知如何對話的時代

其實，直至今日，我都還是覺得我一直是專注在「傾聽」，好像沒有認真地思考過「聽」這個問題。

因為「聽」對於作為心理師的我而言，實在是太過理所當然，例如，曾經有人問過我「如何聽別人說話」，我甚至覺得果然是外行人會問的問題（當時的我真是淺薄啊！）。

如果要細數是什麼時候讓我的想法有了巨大的改變，那應該是從二〇二〇年我開始在日本《朝日新聞》執筆「社會季評」專欄的時候吧。每三個月一篇的社會評論，主要是談論當時社會上發生的一些現象。想當然耳，評論的觀點是採用我當時一貫所抱持的想法來評論當時的社會時事，在評論的過程中我才猛然發現，這個社會真正缺少的是「聽」啊！

時至今日或許仍是如此，但是，以當時的社會氛圍而言，社會環境因為疫情而存在著各式各樣的議題，各種議題當然也激起了各種不同的聲音，我們生活的社會也因此呈現了嚴重的對立。

因此，當時的社會無處不強調「對話很重要」，但就我所見，所謂的對話卻完全起不了任何作用。

雙方所說出來的話就像石頭碰石頭。彼此之間都受到彼此堅硬而激烈的言語刺激、互相傷害，而真正所需要的互相理解、取得彼此可以接受的結論，卻是異常困難。

即使提高音量大聲說話，也沒有人要聽。

這些都已經不是彼此是否能夠了解彼此內心真正想法的問題，簡單地說，就是「我就是討厭他」，一點都不想聽到對方說了什麼。

結果就是，社會的撕裂只有越來越深。這就是我當時所見到的社會現象。

所以，從那段時間開始我所寫的評論，慢慢地轉移並且圍繞著「聽」這個主題。我在潛意識裡並非刻意要將「聽」作為各種評論的重點。而是身為心理師的考量，真的很想對社會說點什麼，自然而然地也就將話題專注在「聽」的主題上了。**為什麼我們的社會無法聽進別人所說的話呢？**我曾經嘗試以各種不同的方式，不斷思考這個問題。

✝讓「聽」的能力恢復

在我撰寫評論的同時，身為心理師的我也開始思考應該如何看待這個所謂的社會，希望能寫出一種非常平易近人的「社會哲學」之類的東西，在我的心中慢慢有了一個輪廓。

話說在那個時候，我光是為了每季的連載就已經忙得透不過氣，全然沒有要將有關於「聽」的內容整理成書的想法。

時間的轉折是發生在二〇二一年的年終，是一次《朝日新聞》所舉辦的線上活動。當時的活動是由記者高久潤先生負責籌辦，活動上我們討論了許多有關我在「社會季評」中所寫的有關「聽」的評論，以及回答讀者的提問。

這次活動完全出乎我的意料之外，參加人數將近千人（我原先預估最多也就百來人），這是我第一次感受到大家對於「聽」這個話題有著如此強烈的關注。

不僅僅是參加人數大爆滿，更讓我感到訝異的是，居然還有將近一百五十位的線上讀者提出了各種問題。

有人高喊不想再聽到政治人物和企業老闆說的話、社區的聯繫越來越少、社會少數族群的聲音很難受到關注，許許多多有關社會中「聽」的欠缺問題，如雪片般飛來。當然這是活動的主要目的，會出現這些問題也是理所當然。

但不僅僅如此。

有人問到，家人有心理病，該如何聽他們說話？

有人問，擔心公司裡的部屬的狀態，不知道該如何開口？

有人問，身邊的人不理解自己，不知該如何表達才能讓他們了解？

還有許多人提到，有關**日常生活中，有許多人因為不知道如何聽別人說話而感到苦惱，也有許多人因為沒人聽自己說話而感到痛苦**。

「聽」的確太破碎了。

這不僅是社會整體的問題，也是每個人正在承受的煩惱。所以「聽」這件事，無論是從總體或是個體來看，都是一個迫切應該面對的問題。

因此，身為心理師的我，也不斷地思索自己是不是應該要做些什麼？

畢竟，這些都是**我日常的臨床工作時常要處理的問題**。

例如，先生不想聽太太說的話、太太到底說了什麼先生總是聽不懂、父母無法了解孩子們在想什麼、爸爸媽媽也不聽聽孩子們到底想說什麼。

無論說了多少次的「我真的很討厭那樣」，那個人還是完全有聽沒有懂。

那麼，我又是如何在日常工作中處理這些與「聽」有關的問題呢？通常我會嘗試與當事人不斷地交換意見，盡其可能地恢復當事人日常生活中所應具備的「聽」的能力。

仔細想想，我應該也算是個「聽」的專家。

直到現在，那個一直隱藏在「傾聽」背後的「聽」的價值，似乎突然就被彰顯出來了。

✝讓人聽你說話的技術

「聽」的殘缺不全與「聽」的回復。

為什麼我們會變得不想聽別人說話，要如何才能做到聽別人說話呢？或者，在什麼情況下別人不想再聽我們說話，那又要如何才能讓別人聽我們說話呢？

這就是本書的主題。

對於「如何聽人說話」也是我一定要寫的內容。

現在更不是謙虛說客套話的時候。

在心理學的世界裡，「聽人說話的技術」還真的需要一些技術的累積。

我的工作無論如何都離不開聽人說話的部分，無論是引導當事人侃侃而談，亦或是遇到當事人難以啟口時，協助他們打開心房說出心中的困擾，為了達到溝通的目的，必要時我們還是有一些小技巧。

事實上，讀者們會發現，**坊間的書幾乎沒有寫過這樣的小技巧**。個人覺得或許是因為這些能夠引人暢談的小技巧過於具體，在實際的應用上還是因人而異。

還有，這些小技巧在各自的臨床應用上，或多或少都會融合心理師個人的風格，如果勉強寫成文字，又顯得牽強附會，感覺就不像是應該寫在書中的東西。

即便如此，這樣的小技巧在某些時候還是能發揮一定的作用，所以我在本書的開始，會先整理一些我自己覺得還蠻實用的「聽人說話的技術　小技巧篇」。

希望讀者們可以根據自身的情況進行微調後使用。

但是，之後的問題處理才是真正的重點。

應該是這樣沒錯吧？

當有人抱怨「為什麼你都不認真聽我說話」時，即使用了這些「聽人說話的技術」

的小技巧，還是可能會有起不了作用的時候。

心理諮商也是一樣。「聽人說話的技術」在平時大多可以發揮一定的幫助，但真的遇到嚴重問題時，考驗的就是「聽」的能力，這些臨床的小技巧可能就完全起不了作用了。

當「聽」的功能殘缺不全時，身為諮商心理師的我們實際的做法，就是要好好地聽，而且是確確實實地聽。

即便如此，當我們的內心變得越來越狹窄時，耳朵當然也就自動關起來，無法再聽進別人所說的話。自己也會變得越來越不知該何去何從。

這就是問題的核心。

那麼，該怎麼辦呢？

我們就先說結論。

就是先從「讓別人聽你說話」開始。

我們之所以聽不進去別人所說的話，是因為沒有人聽我們說話。當我們的心受到壓迫或是威脅時，自然就無法聽進去別人所說的話了。

所以，我們要先讓別人可以聽進去我們所說的話。

或許可能是因為自己的某種經歷而不想聽別人說話、也可能是各種各樣的原因讓你就是想把耳朵摀起來不想聽，也可能是你有你自己的想法而不想聽。

這麼多的狀況，都只有在有人願意聽我們訴說的時候，之後我們的內心才能騰出空間去容納別人的故事。

這就是所謂「聽」的功能的回復。

「聽」是建立在「有別人聽你說話」的基礎之上。所以說，「聽人說話的技術」必須根據「讓人聽你說話的技術」來補充調整。

「讓人聽你說話的技術」？

聽起來好像很不可思議。但是，還請務必記住這句話。這種不可思議的感覺也正是「聽」的神奇之處，也是「聽」所具有的神奇力量，在這本書中我們將解開這個神奇的謎底。

✝請進入「聽」的世界

話不多說，我們應該進入主題了，最後請讓我再解釋一下本書的結構，這本書共有三種不同類型的文章。

第一種是實用的小技巧手冊。首先是「聽人說話的技術　小技巧篇」，中間部分還會有「讓人聽你說話的技術　小技巧篇」。

這些小文章都是以讀者日常生活中可能使用為前提所撰寫。非常的希望能夠對讀者們的日常生活有所幫助。

第二種就是我為報社所撰寫的「社會季評」的專欄評論。這些評論都是針對當時的社會時事，並且是以「聽」為主題所寫的短文。此類的文章通常是出現於每一章的開頭。

專欄文章主要是針對一般的報紙讀者所撰寫，其內容不難理解，但由於受到字數篇幅的限制，有些地方的表達會較為濃縮，可能會有一些不容易理解的地方也說不定。

所以，就有了第三種文章，是從諮商心理師的角度，嘗試以簡單易懂的方式來解說「社會季評」文章的想法。希望藉由心理學和人類學的觀點，一章一章地說明為什麼「聽」會陷入功能的殘缺不全，又該如何恢復應有的「聽」的功能。

本書內容總共包含了以上三種不同溫度的文章，非常希望能描繪出「聽」在社會、日常生活和臨床上終究應有的本質，進而對讀者們的日常生活有所幫助。

最後，請讀者們先暫時把您的耳朵借我一下。

為了回復您和您周遭的人的「聽」的功能，麻煩請先聽聽我為您們說的話。

那就開始吧！讓我們一起進入「聽」的世界。

聽人說話的技術　小技巧篇

市面上有非常多關於「聽人說話的技術」的書籍。我也曾經盡可能地買下這些書，並且深入研究其內容。

結果，我發現，基本上我們可以將這些書籍的基本主張做個歸納，重點幾乎都是：「**在適當的時候說適當的話，千萬不要贅言。**」

確實也是如此。

這與我每天實際的心理諮商工作，可以說完全一致。

如果想要仔細聽聽當事人到底要說些什麼話時，配合對方的步調是一定要的，省略多餘的語言，把握在「適當」的時候提出「適當」的問題。這就是「聽」的本質。

以上。

您不覺得這真是一個讓人很絕望的結論嗎？

因為所謂的「多餘」和所謂的「適當」，應該如何判斷，大家應該會覺得很困惑吧。

這就像你問日本的專業製刀達人「應該使用多大的力氣打鐵比較恰當呢？」，達人回答「感覺對了就對了」一樣。

這真是太殘酷了。最終只能得到一個「**就是程度的問題**」的答案，對心中的疑惑完全幫不上忙。

所以，我們就來談談小技巧吧！

有時在和其他諮商心理師交流時，我們經常會有這樣的對話：「對，對，對，真的可以ㄟ，我也曾經這麼做過！」也就是一些蠻令人振奮的小技巧，也正是接下來我想介紹給大家的內容。

小技巧的好處在於能讓人重新燃起希望。當問題變成一個棘手的問題時，很可能會讓你覺得「對我來說實在太難了⋯⋯」而產生了無力感。而這些小技巧說不定就會讓你心念一轉，或許明天「也可以試試看」！

雖說都是些雕蟲小技，但也是技巧呀。為何不試試這些小技巧來聽聽別人說些什麼呢！

首先，就讓我先介紹以下十二個小技巧。

1 讓對方決定時間和地點
2 讓眉毛幫你說話
3 誠實為上策
4 讓沉默成為力量
5 忍忍再回應
6 不回答問題，只是附和
7 像鸚鵡一樣重複對方說的話
8 對方的感受和事情的原委都要了解
9 善用「我不懂」
10 想一些不會傷害人的用詞

11 不知道說什麼的時候，就問問題

12 約好下次見面的時間

重點來了，以上這些平常會使用的心理諮商小技巧，具體的內容到底是什麼呢？

†1 讓對方決定時間和地點

在說這個話的同時，我覺得好像一開始就進入了主題的核心，但為了好好聽別人說話，最重要的不就是要先設定好前提嗎？

所謂的前提設定，也就是諸如時間和地點等事項。

彼此到底有多少時間可以交談，通常會根據時間的長短，該講的內容也會有所不同。如果是可以經常見面的狀況，談話的內容也會隨著時間的增加，會越來越深入。

再來是地點。是跟很多人一起在客廳裡說話呢？還是兩個人關起門來單獨談呢？基本上，如果是兩個人單獨談話時就可以較深入，但如果是公開的客廳，談的內容當然就較為保守安全。如果不想讓自己說出事後可能覺得後悔的話，客廳會是一個很不錯的地方。

所以，如果必須認真聽聽某人想說些什麼時，關於談話的地點、時間等等，最好把決定權交給對方，**讓對方決定才是明智之舉**。

詢問對方「要在哪裡談好呢？」、「需要安排多少時間比較合適呢？」等都是我所謂的小技巧之一。都是應該請對方自己設定（依對方的喜好）的事項。

†2　讓眉毛幫你說話

前提決定好了之後，接下來是更微妙的小技巧：眉毛。

曾經有一位熟識的心理師很肯定地跟我說：「聽對方說話時，眉毛很重要。」

其實也不是非眉毛不可，也就是說為了要讓對方知道你有很認真在聽他說話，反應一定要誇張才好。

眉毛的好處在於，眉毛就只有揚眉或是皺眉兩種表現罷了，非常簡單好用，容易分辨。

讀者們應該也會有你們擅長的表情動作，一定要好好運用。

再者類似，眼睛睜得大大的、嘴巴抿得緊緊的，都可以。但耳朵和鼻子好像就不能有那麼大的動作，不太能起什麼作用，但還是有些人可以用鼻子表現出引人注意的動作。還有，讓身體稍微向前傾，也是能表現出聽後反應的一種動作。

總之「表現出有所反應的動作」很重要。有所反應會讓對方感到開心。即使只是稍稍的一個揚眉的動作，也能讓對方感覺到他說的話有被認真聽，才會有想繼續交談的意願。

但是，說謊是絕對不行。

眉毛是傳達內心情感的一種誇張的表現方式，如果什麼事也沒發生就無端地挑起眉毛，是不可以的。那樣只會讓對方覺得就是個沒事做，練練眼眉的人罷了。

或者，如果平常就是個會擠眉弄眼的人，在聆聽對方說話時，反而一動也不動，也是一種有效的溝通方式。本來會擠眉弄眼的人一下子定格了，反而表現出訊息的傳達不順暢，因而可以讓對方再重複說明。

總之，就讓眉毛說話吧（當然用鼻子說話也ＯＫ）。

†3　誠實為上策

說謊是絕對不行，這是一個非常嚴肅的議題，所以我們必須詳加說明。

這不僅僅是道德的問題，也很可能會讓彼此的對話無法再繼續下去。說謊很容易讓自己的內心陷入害怕膽怯，如此一來，彼此間的對話就很難熱絡了。

還有，當謊言被揭穿時，也會使得對方對自己曾經對你說過的話感到悔恨，這才是大問題。

但是，也不是要將所有的感受都毫無保留地坦白。

對於難以啟齒的事情，也是**可以保持沉默**。「不說」並不代表說謊，說自己不認同的話才是不對的。

因此，如果你心裡有什麼想法，有時稍微誇張一點也是可以的。

例如，有時與人的談話，對方會有非常渴望你能站在她那邊的那種情感表現，例如當事人問到「你覺得是我的錯？還是他的錯？」時，如果你覺得九成應該是她的錯，只有一成的可能是另一個人的錯，這時你可能應該說「那個人真的很糟ㄟ」比較好。

雖然你覺得她有理的可能性只有一成，但如果不這麼說，她可能就不會再繼續講下去了。但如果你連一成都不這麼認為的話，這時最好保持沉默，只要回答「嗯」即可。

我們應該誠實，但沒必要傻乎乎地誠實。

†4 讓沉默成為力量

接下來我們要談的是小技巧的王者——沉默。只要多保持一點沉默，就能更好地聽對方說話。

在學校常會有教導學生如何進行心理諮商的課程。上課時我們經常會讓學生分成諮商者和被諮商者兩種角色進行練習，其中讓學生們感覺最難處理的情況就是沉默。

即使扮演的是被諮商者的角色，也都是不自覺地說個不停。

因為擔心如果保持沉默，會造成彼此之間的尷尬。總有一種心理壓力促使自己在對方話題停頓時，必須說點什麼。

現代社會似乎也一直強迫著我們保持這樣的互動方式。也就是只要有人說話，好像就應該要附和說個幾句，活絡一下氣氛。這樣的互動模式雖然可以保持場面的熱絡，但很遺憾地，就無法真正聆聽對方說話了。

這跟去唱卡拉ＯＫ有點像。當有人唱歌時，如果心裡一直想著這首歌結束後要說些什麼感想的話、或者下一首要點什麼歌，此時的你根本無法真正聽進這首歌在唱什麼吧。

要能好好聽人說話，沉默是必要的。

不應該是我們拋出話題，然後等待對方的回應，而是應該讓對方自己提出話題。談一些重要話題前本來就會有些尷尬的氣氛，所以耐心等待，些微的尷尬沉默也是必要的。

首先就暫時保持沉默，**給彼此一些空間**。這種情況有點像打棒球。網球的打法是球在雙方之間一來一往沒有停歇，但棒球就不一樣了，投手在投出每一球之前，總是會給自己時間冷靜思考之後才會投出這一球，節奏不會太快。

所以，如果是那種彼此互相交換訊息的談話，快節奏式的對話可能會更有效率。但是，當需要聆聽對方內心痛苦時，放慢談話的節奏會更適合。對談之中如果還能經常保持沉默，往往也比較容易流露出內心的情感。

✝5　忍一下再回應

說了這麼多，肯定還是有些人對於保持沉默總會感到不知所措，那我們現在就來介紹另一個小技巧，就是「忍一下再回應」。

當對方說完話後，什麼話都不要說，**等五秒鐘**。你可以在腦海中倒數計時，也可以讓自己看起來像個數字控，正好可以利用這些時間思考一下剛剛對方所說的內容。對方說的是這個意思嗎？我該怎麼回答好呢？這樣說可以嗎？多方思考。這段時間就是沉默的時間。

如果你是個對尷尬的場景會感到非常敏感的人，此時或許也可以說「嗯」之類的回應，表現出正在思考的氛圍也不錯。

請試著做做看。

當對方說完話，讓對方再等五秒鐘左右應該不會是問題，如果對方等不及了，通常也會有再進一步說明。這樣一來，對話就能按照對方的節奏繼續。

†6　不回答問題，只是附和

接下來，我們來教一些回答的技巧。首先就是附和的時機。

在我還是學生的時候，有一位曾經教過我的老師東山紘久，他曾寫過一本非常暢銷的書《傾聽，不可思議的力量》（中譯本究竟出版），書中就曾寫到「附和的時機要像打鐵，一槌一槌把握好節奏，聲音聽起來自然就會輕快悅耳」。

意思是說：只要掌握好附和的時機，對方就會感受到自己所說的話被認真地聽進去了。

所以諸如像是「嗯」、「嗯嗯」、「原來是這樣」、「是嗎」、「真的嗎」、「對ㄟ」、「的確」等，單純從字面上看，感覺像是敷衍的傻話，但掌握好時機說出來就會有一定的道理。

這原理就跟綜藝節目或藝術表演的「誇張反應」一樣。附和的時機掌握得恰到好處，自然就比較能看出對方內心真正的反應。

順帶一提，我平時會使用的附和方式大概只有三種左右。隨著年齡的增長，慢慢變得越來越少。

或許有些人越來越專業之後，說不定只要使用一個「嗯」就足夠了。宛如彩虹般豐富多彩的「嗯」。好帥氣。

✝7 像鸚鵡一樣重複對方說的話

這是「掌握好時機附和回應」的進階版，是古老的臨床心理學中流傳已久的祕技。曾經有一段時間，日本非常流行美國臨床心理學家卡爾・羅傑斯（Carl Rogers）所提倡的諮商心理學理論，在那段時間就經常提到這種技巧。

「像鸚鵡一樣重複對方說的話」，顧名思義就是不斷地重複對方所說的話。例如，對方說「我覺得很難過」，你就可以回答「真的讓人覺得很難過ㄟ」。

這聽起來像是敷衍的傻話，但事實上還真的挺有效的。當不知道該怎麼回應、表現出沉默又覺得尷尬、或者連思考五秒鐘都想不出話題時，這個技巧就可以派上用場。

光是重複當事人的話就能讓對話順利進行，這真的很不可思議。比如對方說「巨人就像Google一樣」，你不知道該如何回應對吧。這時，你就可以像鸚鵡一樣重複地說「啊，像Google一樣啊」，如此一來就會促使對方繼續說下去，「是啊，因為……」之類的延伸。

不過這是最後的手段，或者**可以說是祕技，相對地也帶有風險**。

這種做法有點像是耍小聰明，過度使用，可能會讓對方覺得是在取笑他們，而因此惹怒對方。所以我覺得在可以正常回應的時候，還是應該用正常的方式回應就好。

就我而言，我通常都是應用在「○○○這樣說對嗎？」。改良版的鸚鵡學舌。有時我也會換種方式再說一遍，有時也會直接重複對方的話。

有時這個方法還蠻實用的，如果我誤解了對方的意思，對方還會幫忙解釋，好讓我更能掌握對方的真正意思。

當溝通出現誤解時，也可以即時發現，彼此知道誤解在哪裡。從誤解的點重新開始，對話自然就能更深入。

8　對方的感受和事情的原委都要了解

接下來我們來談談，該如何提問才能開啟對方說話的意願。可以使用哪些好的小技巧提出好的問題呢？

提問的本質就是盡可能地「**問得詳細一點**」。例如「可以再說得更詳細一點嗎？」就是很基本的小技巧。諮詢剛開始的階段當然可以試著這麼問，也可以稍微使用一些技巧手段。

當對方開始講述自身感受時，也可以順勢插話問一下：「具體發生了什麼事情了嗎？」

例如，當對方說「我和男朋友之間的關係很糟，讓我感到身心俱疲」、或者對方說「和上司之間關係很僵」時，光聽這樣的敘述還真的讓人很難理解。所以，適時地詢問「發生了什麼事了嗎？」以便對方可以具體地描述事情發生的來龍去脈。

反過來，如果當對方只管敘述事情的原委，這時就算要岔開話題，也要聽聽他們內心的感受。當對方說，「約好和我的朋友出去玩，他居然遲到，而且整整讓我們等了兩個小時」，雖然我們可能很想說「那真是很糟糕ㄟ！」，但**請務必忍耐五秒鐘**。然後可以問一句：「你當時怎麼想呢？」

說不定對方因此打開心扉，「其實他也帶給我一段很充實的時光」，而可以開始談論她的男朋友，因而讓我們看到了原本我們並不知道的她男朋友的內心。

當事實和感受放在一起時，自然心情就容易被感染。但在日常的生活之中，我們往往只會講述心情或是事實的一端，主要還是因為不想讓對方看透了自己內心的感受。每個人有每個人的想法，也沒什麼不好。

在日常的溝通之中，我們常會覺得盡量不要讓對方知道太多自己內心真正的想法，認為這樣比較安全。但是，身為心理師的你都已經做好要好好聽對方說話的準備了，一定要好好地聽聽對方的內心感受，同時也要了解事情的真實原委才對。

當對方表達了內心的感受時，就要順勢問問事情的真正原委。當對方只是描述事情的原委時，就問問對方內心的感受。這就是提問的小技巧。

✝9 善用「我不懂」

再來是另一個小技巧，或許比其他的小技巧要稍微困難一點，但如果想要追根究柢，**「我不懂」是個非常有用的提問詞**。當聽到對方所說的話，並不是自己可以清楚掌握的內容時，其實就是一個可以深入對話的機會。

比如，如果有人對你說「我期中考只考了八十五分，好想死喔」。雖然我並不認為對方是在說謊，或許他真的覺得很難過（順帶一提，**假設對方也是個誠實的人**，也是一種重要的小技巧），但對我來說，能拿到八十五分已經是非常不錯的分數了，更何況才只是期中考，根本不需要如此絕望呀！實在不能明白對方為什麼會這樣說。

這時候就不應該裝作很能理解。誠實才是上策。

這時，你可以試著這樣問，或許會有很好的效果：「以我的情況，我如果能拿到八十五分的話，我會覺得已經是相當不錯的成績了，但你為什麼會想到要死了呢？」此時的對方可能就會開始講說「因為如果拿不到九十五分以上的成績，手機就會被沒收」。這樣一來，對方特殊的家庭情境可能就會立即在你的腦海中呈現。

在聆聽別人說話時，或許有人會覺得不應該否定對方，對於對方所說的事情應該照單全收。但其實不然。不明白對方所說的話時，就應該坦率地讓對方知道「不懂」才對。

但是，在說出「不懂」這句話時，不可以帶有否定對方的感覺。只能是一種清楚地用來表達自己和對方看法不同的方式。**「如果是我，我可能會這麼想，但你為什麼會那麼想呢？」**這樣問，可能可以讓對方更容易以開放的心情談論自己。

†10 想一些不會傷害人的用詞

接著，當你在聆聽對方說話時，有時候可能也會想表達一下自己的意見。

很多關於傾聽技巧的書都告訴你不要發表自己的意見，只是傾聽，但我認為如果有意見的話，不妨就說出來。比起單方面地聽，我覺得如果有些回應，反而會讓對方覺得自己說的話有被真正聽到的感覺。

在這種情況下的小技巧就是「……我覺得是這樣，你覺得呢？」，**最後使用疑問句來結尾會更好**。這樣一來，如果對方有任何異議，也能比較容易表達出來。只要不是強迫，單純只是說說個人的意見感受，應該比較能夠聽到更多對方想說的話。

不過，還是有一些應注意事項。

如果對方說出了內心的感受之類的話，你的回應不可以只等五秒，可以是十秒，甚至二十秒也不為過。不可以太急促，因為回應這樣的談話一定要慢慢思考之後再說出口。

為什麼要慢慢思考過後再說呢？是因為要避免說出的話傷害了對方。

回應之前一定要先在自己的腦海中細細推敲。一定要考慮對方的心情，避免說出的話傷害對方。所以說，這種思考的時間很重要。

如果是為了找一些避免傷害對方的話來回應，我認為即使花上三十秒甚至一分鐘來思考都無可厚非。更何況對方一定會等你，如果他們等不了，也會開始新的話題。這時的你也可以再重新回到聽的步驟。

你的意見也可以下次再說。

或許到了下次你就會知道說什麼話不會傷害到對方，甚至你可能會發現有一些意見根本不需要說出來。

✝11　不知道說什麼的時候，就問問題

然而，還是有那種非得表達意見不可的時候，特別是對方非常期待我們能夠發表一些見解的時候。

如果對方問你：「您覺得我該怎麼辦？可以教教我嗎？」此時的確應該要好好地回答對方的提問。這也是作為聆聽者應有的職責所在。

問題是在當下，你並沒有好的建議時該怎麼辦。在這種情況下，我們可能會一下子

陷入焦慮而脫口說出「我也不知道我這樣給你建議是否恰當」之類的回應，如果即將面臨這樣的狀況的話，請務必稍作等候，然後反過來向對方提出問題。

例如，你可以問：「你想知道什麼？」「想要聽有關哪方面的建議？」因為，有時難以回答的問題，通常是因為提問者自己也不太清楚自己想問什麼，我們可以藉由再度提問來探知對方的意圖。應該讓對方多說一些，直到我們感到「原來是這樣呀」為止，接下來的「聽」才會有意義。

因此，「**有技巧地反覆提問**」也是很重要的小技巧。

✝12 約好下次見面的時間

好了，我們已經介紹了各種小技巧，最後要來展示一下我們最最緊要的終極武器！「聽」要能達到真正的效果，就是一定要再約下次見面的時間。

人與人之間的談話經常很容易遇到瓶頸。事情很少僅僅透過一次的談話就能得到解決，很多時候常常是談的時間越長越覺得無能為力。

在這種情況下，最好的辦法就是暫時擱置一段時間。不要強求，不要試圖當下就要解決所有的問題。

「我也會考慮一下，我們再約個時間。你什麼時候方便呢？」一定要這樣告訴對方。因為有了下一次的約定，才會產生更多思考的力量。有人在等著你，這樣的力量非常的大。

有些當下說不出來的感受、想法，經過了一個星期的思考，也許就有了答案。**時間可以幫助我們解決許多問題**。

所以，當下聽到卻難以理解的事情，那就約下次再見吧。

總歸來說，我覺得重要的是，比起那些技巧很好很會聆聽的人，雖然聽的技巧沒那麼好卻願意耐心花時間聽人說話的人，才是那個最終值得信賴的人，不是嗎？

†小技巧之外

您覺得如何呢？希望這些小技巧對於你們在「聽」上能有所幫助。

但是，事實上還是存在某些問題。

之所以能夠使用這些小技巧，通常都是在事情還有充裕的時間，這些小技巧才能派得上用場。一旦事情已經迫在眉睫，根本就不可能有時間可以慢慢思考這些小技巧了，不是嗎？

而且，**當時間尚且充裕時，即使沒有這些小技巧，相信我們也能夠很好地聽對方說話**。畢竟「聽」這件事是每個人日常生活的基本行為。

知道嗎？這個才是最難的。

因為沒有辦法好好聽對方說話，所以才需要聽人說話的技術。但是，沒有辦法好好聽對方說話，其實是因為你沒有充裕的時間，在這種情況下，即使學會了這些小技巧，你也很難好好地運用。

很多流傳在群體之間有關聽人說話的小技巧，本身就存在著這樣的矛盾。

所以，我們需要的可能不僅僅是這些小技巧。而是超越這些小技巧之外，更深層的東西。

那麼，什麼情況下會使我們失去充裕的時間呢？

答案很簡單：就是**與對方的關係變得複雜的時候**。

讓人生氣的同事所說的話、格格不入的夥伴所說的話、或是敵對陣營所說的話。這些話就是經常讓我們完全聽不進去的話。即使內心一再告訴自己只要五秒鐘，但實際上常常就是連一秒都不想等，就要立即反擊回去。

還不僅如此。

如果對方的態度不是那麼友善，這邊還盤算著使用鸚鵡學舌等祕密武器，肯定立刻就會激怒對方。

即使只是為了再多了解內情而使用的小技巧，可能也會變成「吵死了！怎麼連這種事都不懂！」，反而惹得對方更加不悅。

提問的本質主要是建立在與對方之間的關係。

如果關係好的話，就能聽得進對方所說的話；關係不好，說什麼都很難聽得進去。

聽不進去對方說的話，不是因為技巧不好，是因為關係不好。

所以，就必須要採用以下的方式。

當與對方的關係不佳，但還是必須要聽對方說話時，該怎麼辦呢？

答案很簡單。

就是**先從讓對方聽你說話開始**。

當你聽不進去對方所說的話時，你就必須要讓別人先聽你說話。

這是什麼意思呢？這也是接下來的章節要探討的內容。

我們還會發現更多關於「聽」的祕密。

第1章

為什麼聽不進去別人說的話？

†沒法傳達的言語

「為什麼我說的話都沒人要聽？」即將離任的日本首相不知心中是否還會不斷地浮現這樣的感慨。為了因應現今的社會危機，過去一年，首相不斷地發表各種言論，希望讓國民了解現今的困境，也下達了各種政策。但一年過去了，讀者的你還記得當時的任何一句話嗎？當事情處於緊急狀態時，哪怕是大聲疾呼，又有多少話語可以真正傳入人們的耳中？

新冠疫情初期，德國總理梅克爾（Angela Dorothea Merkel）發表了電視演說，演說中梅克爾先向人民道歉，因為之後的各項緊急措施勢必會給人們帶來各種的不便，並請求國民務必配合。演說中梅克爾甚至為了人們可能因此不能參加各種音樂活動而致歉、人與人之間的往來也會因而受到封城之類的痛苦而深表感同身受。儘管時光流逝，我們還是可以感受到梅克爾當時深植人心的談話，而日本首相的談話差距又在哪裡呢？

言語無法傳達，當然政權也就難以維持。因此，我對於日本首相會因為「為什麼我說的話都沒人要聽？」而感疑惑一事，一點都不覺得奇怪。但是，這樣的疑惑卻是毫無意義。當溝通不順暢時，如果一味地將原因歸咎於對方的耳朵，情況只會更加惡化。想要改善彼此的關係，必須要反省的應該是自己所說的話。不對，其實更根本的問題應該是自己的耳朵。希望對方可以聽進去自己所說的話，首先應該先學會聽進去對方所說的話。**無法聽別人說話，自己所說的話當然也沒人要聽**。

如此說來，「聽」的確不是一件容易的事。事實上，我們每天不也都在上演失敗的橋段？比如說，你有一個同住的伴侶。每天無論是餐桌上、客廳、外出，你們隨時都會有大量的對話。但是，也常是在這些時候，大多數的話都被輕飄飄地飄了過去。因為彼此都認為「知道」對方想說什麼，所以即使不認真聽，對話也大多能勉強進行。

這也不是壞事。平時這樣也沒什麼不好。即使不是很認真地聽對方說話，大概也能清楚對方想說什麼，這就是日常生活的美妙之處。如果每天晚餐時都要仔細了解身旁的伴侶吃飯時說了什麼，那麼人生豈不隨時都要進入警戒狀態？

但是，有時可能也有行不通的時候。假設有一天晚上，身邊的伴侶突然尖聲大叫「你根本完全沒在聽我說話！」，然後就是一陣的生氣、沉默。原本應該平和的餐桌突然變得緊張。「不知道對方剛剛到底說了什麼」的你，此時就完全無法隱藏了。那一刻，曾經熟悉的對方可能一下子就變成了陌生人。耳邊只剩下充滿孤獨的伴侶在控訴：「你為什麼都不聽我說？」

這樣緊急的狀態，完全會讓兩人的關係陷入危機。期間或許還會有些不堪入耳的話會隨之起舞。因為當一個人試圖想傳達自己內心的苦惱卻被忽略時，言語之間難免會變得尖銳。即便如此，如果還希望繼續這段關係，你就必須重新啟動「聽」這樣的功能。承認自己的失敗，不僅必須問問自己是否還有什麼沒有聽到的內容，還必須坦然面對那些尖銳的言語。

沒錯，「聽」聽起來好像很溫和，並不覺得會產生什麼違和感，實際上卻是一項很艱難的工作。**「聽」在關係平順時並沒有那麼必要，但在彼此的關係陷入困境時，就是絕對的必要了**。那個時候的你會很孤單。因為你必須脫離本是熟悉的日常關係，獨自面對一個陷入陌生的他人。

即便如此，堅持度過這段刺痛的時間之後必會有所回報。因為此時的你所感受到的孤獨，或許同時也能讓你感受到對方心中所產生的孤獨。這時的你們就可能透過遠遠的對話、傾聽，解開彼此之間的心結。所以，也請記住梅克爾為何能如此說話，因為對於從小生活在東德的梅克爾而言，她可以感受到行動自由受到限制的痛苦，就好像她把德國人可能即將遭受的痛苦轉化成她的談話，撫慰了她的國民。只有曾經遭受過刻骨銘心的痛苦而說出的言語，才能到達孤獨的彼岸。

基本上我認為，政治的本質就是孤獨。如果想要調整人與人之間所形成的利益對立關係，雙方相互指責「完全聽不懂」、「都沒在聽」本來就是再自然不過的事。所以，從政的人面對孤獨本來就應該要有很強的承受能力。處於嚴峻的情境時也必須要能夠獨立堅強，還必須具備聆聽各方聲音的能力。

如此說來，**日本的首相是因為欠缺了孤獨嗎？**當然不是，是因為與自己的親信夥伴過於緊密，以致於對於不親近的他人就很難產生親近之心。現任的日本首相即將卸任，馬上又將誕生新的首相。將來會由誰來擔任這個職務，我認為政黨的同僚之間一定會有密切的溝通。在承平穩定時期，這樣的溝通是不會有什麼大問題。但是，依照目前如此緊急的狀態，絕對有必要重新啟動嚴肅謹慎的「聽」的功能。否則，政治與民眾之間的距離只會越來越遠。

一個充滿分裂的社會，需要的不是只會宣示企圖團結民眾的感情。不是強行填補裂痕，而是承認裂痕的存在。在這樣的基礎上，好好地聽聽來自裂痕另一端的聲音，再將話語傳遞到遙遠另一方的耳朵。我相信，只有在都是孤獨的人之間持續不斷的交流對話，社會才能勉強得以續存。

（摘自《朝日新聞》二〇二一年九月十六日專家觀點專欄）

✝社會所缺失的東西

我之所以意識到我們必須認真看待「聽」這件事，是在我寫下上述這篇評論的時候。因為我深深地感受到**我們現今的社會最欠缺的就是「聽」**。

當你有話要表達，而對方卻置若罔聞，此時「聽」就成為問題。無論語氣如何柔軟、邏輯多麼有條理、甚至提出了許多明確的數據，對方就是可以完全不予理會。

不僅如此，你越是竭盡所能地說明，對方越是覺得自己受到你的言語攻擊。堅硬的語言甚至可能讓對方感到血脈賁張，棉裡藏針之類的話也可能讓對方留下傷痕。最終，所說的話還是進不了對方的心裡。

讀者的你是否也有過這樣的經驗？

例如，當父母親對你不斷地耳提面命時，此時的你或許聽到的只是噪音，根本不知道他們在說什麼。

或者，當你成了父母，只想將你的經驗告訴孩子，「你應該好好讀書，將來才有更多的選擇」。但你的孩子可能只會將你的話當成雜音，而回應你：「很吵ㄟ！」

在心理諮商的領域也會發生類似的情況。

有時候當事人會說：「老師您怎麼都不說點什麼？」實際上，我可能已經說了：「你的問題不就是〇〇」、或者「你這麼做不就是造成自己的痛苦嗎！」我認為說了這些話就是在幫助他們釐清問題的所在，提供建議，但這些話好像完全沒有進入當事人的耳朵。

其實，問題應該不在於說了什麼。

沒錯！就是兩人之間的關係出了問題。兩人之間充滿了不信任感，關係變得糾結。因此，無論說什麼對方都聽不進去。即便提醒對方「為什麼不認真聽呢？」，關係也只會變得更糟不會更好。因為對方覺得自己被指責了，如此一來，關係就只是更加惡化，說的話更無法傳達。

疫情當時的日本首相（菅義偉）所說的話無法傳達的場景，與日常生活和臨床的情景還真是不謀而合。那時的日本社會各種各樣的聲音此起彼落，幾乎都是圍繞著東京奧運是否舉行的話題，整個社會前景不明，陷入一片混亂，很多人對未來感到不安，不斷要求政府應該早日「給予明確的說明」。

實際上，當時日本首相也的確為未來做出了各種說明，例如提出了「每日一百萬株的疫苗接種」等。但這些話並沒有真正傳達給國民，連我自己也完全沒聽進去。

首相和民眾之間出現了一種雙方都覺得「說的話沒人聽」的惡性循環。

到底是怎麼了，為什麼會變成這樣呢？

✝聽並不是神祕的事

接下來我們試試以相反的角度來看「聽」這件事。

如果當我們和對方的關係轉為惡化時，所說的話不再能順利傳達，而雙方在關係惡化之前，彼此的言語還是可以順利交流的。也就是說，一般時候我和對方還是能夠談論一些彼此都能夠聽得進去的言論。

雖然彼此還是可以溝通，但如果有一天我突然被對方問到：「你真的有聽到我說的話嗎？」我還是會頓時感到驚嚇。

此時的我，心裡可能會暗想：「是ㄟ！我還真的只是表面聽聽罷了！」如果真是如此，那麼「真正的聽」就會如你所感受的，真的就是一件高難度的事了（這裡的「聽」似乎已經包含了「傾聽」的涵義）。

如果有人問你：「你真的有聽到嗎？」此時你就要提高警覺了。說不定這是為了打擊你的自信的一種策略。

事實上，在有關「聽的技術」的書裡，常常會用「你真的有在聽嗎？」之類的話來威脅我們要好好聽人說話。除此之外，還有一些專家會傳授一些宛如魔法般的技巧，宣稱這些技巧可以如奇蹟一般改善你的人際關係。

對我而言，這些都是不健康的資訊。

這是因為，「聽」這件事本來就不是什麼神奇的事情，就只是我們日常生活中平凡的互動罷了。

就如同，有人跟你說「我去一下郵局」，你也會很自然地回應說，「路上小心」。有人說「我有點累了」，你會回應「那就早點休息，碗就由我來洗就好」。在以上的情境中，彼此之間的「聽」是多麼地順暢。

日常生活的「聽」，門檻其實很低。我們每天的生活都多多少少必須經歷聽人說話的過程。

就像呼吸。

平時這些過程都是那麼的自然，以致於我們不太會強烈意識到「聽」是怎麼一回事。但是，如果有一天我們溺水了，我們可能就會突然慌張地不知道「該怎麼吸氣」，以致於過度吸氣後，又不知道「該怎麼吐氣」。

同樣地，我們很少記得我們日常生活中跟每個人的交談言語，也不會因為對方「很認真地聽我說話而表示非常感謝」。即便沒有這樣的意識，日常的「聽」通常還是蠻順利自然，不會造成問題。

當「聽」這件事可以毫無障礙地進行，其實並不是因為我們非常地努力「聽」，才得以成功順利的。

而是因為，「聽」就像呼吸一樣，是我們自然生活的一部分。**因為人與人之間是群聚的動物。**

†「客體母親」與「環境母親」

在談論這個議題時，英國心理學家及小兒科醫生溫尼考特（Donald Woods Winnicott, 1896-1971）的觀點就非常有幫助。

小兒科醫生通常會將孩子和父母親視為一體（當時的溫尼考特雖然使用「母親」一詞，但其實就是指實際負責照顧孩子的人）。

一個孩子絕對不會因為「我罹患了憂鬱症」，就自己拿著健保卡獨自前往診所。通常都會由身為照顧者的母親帶去就診。

因此，溫尼考特在思索如何治療類似這樣的精神疾病時，不僅會觀察孩子的狀況，還會仔細觀察**孩子與母親的動作，也就是兩人之間的互動**。

溫尼考特的理論非常有意思，他將孩子與母親的關係分為「客體母親」（Object-mother）和「環境母親」（Environment-mother）兩種。

所謂的「客體母親」指的是，如果現在談到母親的角色，你心中會立刻浮現的母親形象。

作為一個母親應該就是這樣吧，或者在你的記憶裡，曾經有某一位母親的形象深深烙印在你的心裡。當你想到她時，也就是你萌生了「客體母親」的意識。

相對地，所謂的「環境母親」卻是不易察覺、不會被意識到的母親。聽起來有點不可思議，但其實一點都不奇怪。

例如，小時候當你打開衣櫃，衣櫃裡總是擺放著折疊得整整齊齊的T恤。而這些T恤事實上都是經過母親清洗、晾乾並且整齊疊好的，但這樣的過程應該不曾引起你的注意。你會做的只是隨手拿起T恤，穿上，然後上學去。

如果今天有個孩子每天早上看到這些T恤，心裡總是想著「今天也要謝謝媽媽幫我洗了衣服，真的好感激」、或者是「T恤沒有一點點的皺紋，真是感謝」，如果有這樣的一個孩子，我應該會非常擔心這樣的親子關係可能存在著相當嚴重的問題。

或者，假設你正想睡前讀一點東西並且打開了床頭燈，此時的你應該不會每次都特意想著「今天電力供應正常，真的好感謝」。這就是「環境母親」的道理。此時的電力公司就是所謂的「環境母親」。

電力的正常供應本來就是理所當然的事，沒有人會特別為此表示感謝。只有在電力出現嚴重問題時，我們才會去注意到電力公司。

所以說「環境母親」通常不會被察覺。**只有在缺失發生的時候，才會被注意。**此時的「環境母親」就會轉換為「客體母親」。

當衣櫃裡沒有了T恤，你會想「ㄟ，媽媽是怎麼了？」，當停電發生時，我們會搜尋網路查詢是否「電力公司發生了什麼問題」。

當事情進展順利時，我們總是忘記它的存在，而只有在問題發生時才又被喚起注意。換句話說，當一切順利且自然，連感謝的言語都不需要時，就表示一方得到了真正最好的照顧。

所以，母親＝負責照顧他人，吃力不討好的辛苦工作者。

✝夠好的母親

因此，溫尼考特認為，好的育兒教育來自於「夠好的母親」（good enough mother），夠好並不是指完美（perfect），而是「剛剛好」就好。

完美的母親指的是那種自始至終都是成功的「環境母親」，從來不會失敗。她會在嬰兒感到飢餓之前就會迅速哺餵母乳，在嬰兒尿後屁股即將感覺搔癢之前就會立即更換尿布。

完美的母親絕不會讓嬰兒感到不適。

因此，嬰兒會在沒有任何需求的情況下，持續享受舒適的時光，沉浸在一種母親無所不能的感覺之中。如此一來，嬰兒是不會察覺母親是如此細心地照顧著自己。

溫尼考特認為這樣並非好事。

因為如果育兒的過程過於完美，嬰兒將永遠無法察覺母親對自己的照顧，並且會一直停滯在嬰兒時期的狀態。

在電影《神隱少女》中，有一個**名叫「坊寶寶」的巨嬰寶寶的角色**，那個角色就像是被完美母親照顧的嬰兒一樣。只要他一開始哭泣，就能得到任何他想要的東西，因此他始終就是保持著嬰兒的狀態。

孩子能夠成長，是因為「環境母親」有時會失敗。也就在這樣的時候，孩子才會意識到「客體母親」的存在。

這樣才能使他們稍微從無所不能的感覺中醒來，驚覺自己能過得如此舒服，是因為別人為自己做了許許多多的事。孩子這時才會開始成長。

但最重要的還是「適度」就好。

如果一個母親一直在失敗，那麼嬰兒可能會面臨最壞的狀況，甚至死亡。「適度」指的是整體來說屬於不錯的狀況，但當中偶爾會穿插失敗。當失敗發生時，有所察覺並且嘗試改正。這樣的鹹淡適宜恰到好處就是「夠好」的關鍵。

適度的調整照顧方式是非常重要的。

急急忙忙地哺餵母乳或更換尿布。這樣的做法都會使得「環境母親」再度回歸，孩子還是會再次忘記自己正在被照顧。

「環境母親」和「客體母親」之間經常不時的變動替換非常重要。在這樣的過程之中，孩子會逐漸意識到「原來媽媽也有她的極限」，並產生對母親的感激，從而成長成為一個真正的大人。

✝「客體的聽」和「環境的聽」

之所以一直談論溫尼考特，是因為日常的「聽」與「環境母親」非常相似。「聽」這件事在日常生活之中本來就是如此自然的一件事。一般的情況下，我們本來就能聽別人說了些什麼。

這就是為什麼我們通常不會特別感謝別人聽我們說話，也不會特別意識到自己正在好好地聽別人說話。這就是所謂的「環境的聽」。

所以，即便有人質問你「你真的有聽到我說話了嗎？」真的不必感到驚慌。因為在正常的情況下，你**大致都有聽到**。

過於苛求自己反而不見得是件好事，可能會讓你變得更神經質，更不容易聽見對方說了什麼話。

所以，請一定要有信心。

不過，偶爾「聽」這件事也會有失敗的時候。

比如有時候我們會因為太專注於自己的事情而忽略了對方的感受，或者是因為過於信賴對方的善意而陷入輕忽的狀況。

在這種情況下，就有可能引來「根本完全沒在聽嘛！」的指責，甚至還可能被怒斥「你完全沒搞懂這是怎麼回事呀！」。

此時的我們需要的就是打起精神，因為正常的步調已經被打亂了，緊接而來的是所謂的緊急狀態，雙方的關係會開始變得緊張。

也就是，我們必須重新認真看待「聽」這件事。

政治不也是一樣嗎！

當政治的運作成功時，我們往往容易忘記政治的存在。也就是我們不會把政治當一回事時，就表示政治的運作良好。

只有在政治運作亂了分寸的時候，我們才會又意識到政治的存在。

當日常的生活無法按照正常的步調進行，甚至陷入恐慌時，我們就會開始想問「首相到底在做什麼？」，對政治的質疑很快就會在我們的腦海中浮現，甚至高喊「請好好聽聽我們的聲音」。

✝失敗是什麼？

那麼，「失敗」又是什麼呢？

就先前的例子來看，就是櫃子裡沒有了整齊的T恤、或是家裡的電力消失了。換句話說，在我們一向認為理所當然應該存在的東西「不見了」時，我們就會察覺應該是哪個環節「失敗」了。

也就是「欠缺」。這才是問題所在。

欠缺有時候也可能很快就得到彌補。

例如，T恤很快就可以從洗衣機裡拿出來燙好，然後重新放回櫃子裡；而停電的時候，通常只要電力公司全力搶修，也很快就能恢復。只要有備無患，有足夠的時間，失敗通常是可以迅速補救。

所以，像「夠好就好的母親」、「夠好就好的電力公司」或是「夠好就好的政治」一樣，只要能正常運作，「聽」都不會構成太大的問題。

萬一脫離了正軌，運作失敗了，此時要是能立刻道歉，並且迅速恢復原狀，事情得以立即解決，所謂的失敗還是會很快被遺忘。

但是，事情總有無法補救的時候。例如，想要把衣服燙好，卻沒有足夠的時間；電力公司出現了系統上的錯誤，以致無法馬上恢復供電等。

失敗無法立即挽回，缺失也無法馬上得到彌補。

東京奧運就是這樣的一個例子。

那時還在疫情中，每個人都欠缺安全感。

雖然當時的主辦單位應該也是付出了極大的努力，盡可能地設法減少風險，但是，還是不可能達到零風險的狀態，因此始終無法達到大家所期待的安全感。

在這種情況下，我們也就聽不見日本首相的發言。即使首相發表了多麼關心民眾，希望可以讓民眾安心等的言論，「欠缺」的問題在民眾的心中仍然無法隱藏。

因為無論如何竭盡全力，「欠缺」的事實始終存在，真的很難用言語消除民眾的焦慮和痛苦。無論政府的言論多麼慎重周到，最終這樣的言論還是會被認為無視於民眾的恐懼，無法避免地又成為製造痛苦的因素。

在這樣的情況下，最需要派上用場的就是「聽」。

✝聆聽他人之痛

當痛苦處在一種短期內無法解決的情境時，能做的似乎只有安慰當事人一定要堅強面對現實。但是這樣的做法，很容易造成雙方之間的不信任感，彼此之間的關係也容易變得緊張。

此時能用的方法，可能就只有「聽」了。

將解決不了的問題一味地端上檯面，只會引起更多的衝突與怨懟。在這種情況下，我們能做的最好就是放下身段，聽聽所有的不信任感，聽聽當事人訴說自己的失敗，以及目前所感受到的痛苦。

在我所執筆的「社會季評」中，就曾經提及前德國總理梅克爾所發表的演說，在疫情進入緊急狀態時，總理梅克爾發表了對全國民眾的演說，而演說的內容也確確實實地撫慰了許多人。

梅克爾的演說之所以如此打動人心，可能就是因為她不斷反覆提到了德國民眾的痛苦。

她沒有說對於行動受到限制、帶給人民諸多的痛苦「不要擔心」，而是直接表示「造成了你們的痛苦，但我不得不做」。

痛苦一定存在。而且這些痛苦的一部分正是我給予你們的。

梅克爾正面地談論了這些痛苦的事實。

梅克爾的演說之所以能說服國民，應該就是因為她能夠聽到民眾的痛苦。她感受到了民眾的生活即將面臨的痛苦、沒辦法去聽音樂會的痛苦，並將這些感受轉化成語言表達出來。

內心真正的痛苦，應該就是感覺世界上沒有人了解你。

因此，即使眼前所要面對的是難以改變的欠缺，只要有人願意聆聽並理解自己內心的感受，民眾就能暫時地忍受這些痛苦。

類似的言論，美國的醫療人類學家凱博文（Arthur Kleinman）博士也曾說過。

他在還是實習醫生的時候，一名全身燒傷的七歲小女孩被送到了醫院。她的治療過程伴隨著劇烈的疼痛，必須將燒傷的皮膚浸泡在裝滿水的浴缸，然後將燒焦的皮膚剝下來。

當時的凱博文感到非常絕望。面對如此令人不忍直視的場景，他完全無法找到任何能緩解她的痛苦的方法。

就在那個時候，凱博文猛然地抓住小女孩的手，問她：「告訴我，妳是如何忍受這些疼痛的？」之後，小女孩就緩緩地開始描述她的疼痛與絕望。

令人驚訝的是，僅僅是「有人聽我說」這件事，就使得小女孩比以前更能夠忍受這樣的疼痛。

事實證明，**「聽」的確可以緩解疼痛**。凱博文也從這個經驗走向了醫療中傾聽的研究之路。

我還是想再說一次。

人世間，真正的痛苦莫過於孤獨。儘管「聽」無法改變現實，但卻具有安撫孤獨痛苦的深遠力量。

†「聽」其實很難

然而，事實上，「聽」也並非那麼簡單。

在這一點上，梅克爾所面對的挑戰遠遠高於凱博文。凱博文充其量就是個第三方，還是患者的治療醫師。而梅克爾卻是直接面對民眾並造成其痛苦的當事人，梅克爾就是處於可能會被譴責的情境。

當我們聆聽別人述說職場的辛苦，這並不困難。只要運用一些「聽」的技巧，就很容易讓當事人侃侃而談。因為你是旁觀的第三方，「聽」往往是比較容易的。

但是，如果是在你工作的職場裡，你就很難聽到因你而感到壓力山大的部屬所遭受的困境，或者，你想聽聽家裡關係已水深火熱的另一半說的話，應該也是非常困難的事。

此時的問題就在於你就是當事人本身，並且兩造的關係已經破裂。在這種情況下，所產生的孤獨感不是只有一個人有，而是兩個人。**聽人說話的人與希望說話有人聽的人都感到孤獨**。

在這種情況下，雙方所說出來的話可能會變成互相攻擊，有時無法用言語表達的情緒甚至可能化為行動來表現。爆走甩門，餐具也可能啪地一聲一掃而下。

這樣一來，雙方都無法好好聽對方說話。心裡總想著「你為什麼都不聽我說話？」，也因而感到沮喪痛苦。

心裡總想著「反正你說了我也聽不進去」，致使經常打斷對方說話，甚至可能說出一些極為刺耳的言語。

不斷地傷害彼此，彼此的關係也變得越來越惡劣。

從前可能只是圍繞著「聽」與「不聽」的認知，如今開始陷入惡性循環。雙方都覺得「自己說的話沒人會聽」，因而所造成的傷痕也就越來越嚴重。

「聽人說話的技巧」無法使用。孤獨感擴大，如此的情境讓我們失去了應對的能力，反而更進一步放大了彼此的孤獨感。

這時應該怎麼辦才好呢？

✝給首相找個朋友

這個章節的開頭談到了我所執筆的「社會季評」，評論的最後就寫了關於首相「因為與自己的親信夥伴過於緊密，以致於對於不親近的他人就很難產生親近之心」。

那時正值日本自民黨總裁的選舉前夕，因此我給首相提出了如下的建議：首相不僅要聽取同黨夥伴、親近人士的建言，更應該聽聽民眾的聲音。雖然「聽」可能很艱難，但還是希望首相可以努力試試。

但是，交稿後我還是有那麼一絲的後悔。

因為文章是刊載在擁有大量讀者的報紙上，我居然這麼勇敢，敢對首相提出這樣的建言，更何況我又不了解首相到底擁有什麼樣的人際關係。身為心理師的我，**平常是不會對我的當事人說「加油哦！」**，卻對當時的日本首相說了「加油」之類的話，這樣真的合適嗎？

如果有人對你說加油就能加油的話，那麼很多事就不至於那麼辛苦了。

在大家的心裡，會覺得是不是自己不夠努力，而事實呢？為了活下去其實就已經耗盡了幾乎所有的力氣了。

這的確也是事實。

有時在他人的眼裡可能被認為懶散，其實誰能了解當事人內心的焦慮和壓力？就像，對於自己做什麼都到處碰壁而深感沮喪的人，說「一定要好好加油哦」這類的話絕對是無濟於事的，只會讓他們感到更大的壓力。

實際上，之後的內閣選舉，首相就宣布不再參選。我認為並非是他與他的團隊之間默契不足，而是他當時的內心應該是孤獨的吧。這樣看來，不知道是不是因為我當初寫了「對於已經完全陷入孤獨的人而言，應該就讓他孤獨會比較好」這樣的言論（不過，首相的退選是否參雜了私人因素就不得而知了）。

因為我們如果想好好地聽別人說話，就必須先能忍受孤獨。這是事實。

在事態緊急的情況下，好好「聽」別人說話其實是一件很難的事。這種時候，所說的話可能被誤解、不被諒解，因而產生了無比的孤獨感。

如果無法忍受這樣的孤獨，當然就無法聽到對方要說些什麼話了。心裡只會想要搗上耳朵，快快遠離那個人。

然而話雖如此，所謂的忍受孤獨，也絕不是意味著在沒有與人建立任何連結關係的情況下，關上心門獨自鍛鍊自己的孤獨內心世界。

身邊一定要有真正了解你所承受的孤獨的人。**我們無法一個人單獨面對孤獨，我們都需要有人在我們身邊**。

這裡必須強調：孤立和孤獨是不同的兩件事，在下一章我們會有詳細的說明。簡單地說，一個人獨處的那種孤獨只會啃噬內心的意志，讓人變得更脆弱，完全不可能帶來聆聽他人心聲的能力。

有時我們面對那些親子關係不太融洽的父母，我們會給予「應該多聽聽孩子們說了什麼」的建議，可是那些父母常常會覺得自己受到了指責，反而內心更難騰出空間去聽孩子們說的話。

他們總是覺得，是孩子應該要聽父母的話才對吧。

很多時候都是父母可能已經面臨崩潰，被人逼問「為什麼你們都聽不進孩子們說的話」，才會激起這些父母的意願，重新面對孩子，聽聽他們的心聲。

想要聽別人說話，首先要有人願意聽你說話。想要克服孤獨，背後肯定也要有支持你的夥伴。

所以，無論是身為首相、總統還是村長，也是要有朋友。我們常說不可任由身邊的親信朋友藉勢藉端謀取私利，因為掌握權力本身就是一項孤獨的工作，話雖如此，有個能夠聽我們說說內心話、真正理解我們的人還是必要的。

也正因為是個真正理解你的人，他們才能對你身邊的親信朋友不假辭色，可以嚴格規範身邊的人。如果沒有這樣真正理解你的人，**人的本性很自然就容易對你身邊親近的人一味地寬容，而對其他的旁人反倒苛刻以待**。

✝「聽」就是來回不斷地重複

我們來總結一下。

「聽」本來就是來來回回不斷重複的一件事。一旦有欠缺發生時，這種的重複循環就會被打破。此時，孤獨也就因此而生，彼此的關係也會越來越惡化。

也就在此時，「聽」又會重新受到重視。

即使無法改變欠缺的狀況，還是可以面對存在的孤獨。去聽聽因為自己所造成的痛苦。這樣的聽，在彼此關係惡化時格外的重要。

我認為所謂的「聽」，就是為了表示「**對不起，我之前沒有充分地了解情況**」。

或許，現在「聽」變得如此重要，是因為社會正處於一種慢性欠缺的狀態吧。

如同日本人嘴上經常掛著「失落的三十年」這句話，我們所處的時代很不幸地陷入了少子化、高齡化和貧富差距拉大等多重困境，致使許多人感到不安。

而且，這些困境都是短期之內無法解決的問題。努力面對一個問題的同時，另一個問題卻又接踵而來。資源嚴重的匱乏，民眾的痛苦遲遲無法得到舒緩。

在這樣一個缺乏餘裕的社會環境，想要保持社會的正常運作，「聽」當然變得尤其重要。但是，由於心境上的缺乏餘裕，「聽」的功能自然也就陷入了殘缺不全的狀態。

這就是我們現在所面臨的處境。

重點在於孤獨。

孤獨的人需要有人聽他說話，但想要努力聽聽孤獨的聲音時，聽人說話的人也會陷入孤獨。而一旦變得孤獨，人就無法繼續再聽人說話。所以說，**「聽」的核心問題其實就是孤獨的問題**。

因此，首先應該要從讓人可以聽你說話開始。這是一張處方籤，但為了讓這個處方發揮更好的效果，接下來我們將先深入探討孤獨這個議題。

第2章

從孤立到孤獨

✝孤獨的連鎖效應

上個月，日本的內閣官房（相當於：台灣的行政院祕書處）設立了「孤獨・孤立對策辦公室」，也就是英國「孤獨大臣」（Minister of Loneliness）的日本版。看到這項政策我的腦海立即就浮現一幅這樣的景象：一位不再相信任何人的孤獨大臣，坐在被冰雪覆蓋的辦公室裡，看似憂傷地默默批閱著公文。所浮現的場景雖然科幻且冰冷，但到底還是一項社會應該嚴肅面對的政策。

政策背後的主要原因應該還是在於人與人之間的聯繫日漸疏遠所致。現代社會即使住在同一棟公寓，彼此之間卻常是相見不相識，甚至一點都不想認識對方。覺得強迫自己去和某人往來是件極為麻煩的事。這樣的狀況在我們都還健康的時候可能還無所謂，既自由又輕鬆。但是，對於需要照顧的老人、兒童、身障人士、生活困難者來說，無形中就被孤立了。一旦可以往來的人變少了，孤獨感也會隨之加劇，進而可能引發包括自殺和憂鬱等各種心理和生理的問題。正是為了解決這些問題，英國設立了孤獨大臣，日本也隨之效法。

有些人可能會持不同的看法，孤獨不也是一件不錯的事嗎？我也曾聽過這樣的論調。實際上，包括五木寬之的著作《建議孤獨》（原書名『孤独のすすめ』，二〇一六年，中央公論新社）等倡導孤獨與充實的人生之類的書籍也不少。遠離煩人的人際關係，面對自我，如此一來，可以磨練自己的心性，讓自己更成熟。如果是從這樣的角度來看，政府介入了每個人內心中那個所謂孤獨的私密空間，可能還會因此遭到質疑。

如果是這樣就誤會大了。事實上，人世間還是存在有「豐富的孤獨」這回事的。但是，前提是自己的內心必須要擁有一個安全的私密空間。只要進入那個空間，就算是一個人也可以感到怡然自在。**可以擁有這樣的孤獨的人是幸運的**。然而，孤獨大臣所要面對、要幫助的絕對不是這樣自在的孤獨。

例如，拒絕上學的孩子、孤僻的年輕人、孤立無援的單親媽媽、無家可歸的遊民老人等。從外表就能看出他們的孤單，除了孤獨之外或許還有各種無形的暴力聲音緊緊地壓迫著他們的內心世界。例如，「你這個麻煩人」、「沒有用的東西」、「噁心死啦」。施暴的人無時不在侵犯他們內心的私密空間。這種「強烈的孤獨」才是真正的問題。

為何他們的內心世界總是會有這樣緊緊壓迫著他們的「惡人」陰影？或許是因為曾經遭受過暴力、也可能曾經經歷了虐待或是家暴、也可能曾經在學校或職場遭受過霸凌或是騷擾。這樣的受害經歷很容易在他們的內心，就此留下了「惡人」的陰影。

不！不！造成問題的應該不只是這些顯而易見的暴力。還有許許多多很隱諱的暴力，同樣充斥在社會的各個角落。例如，失業時所求助的公共就業服務機構，偶爾也會聽到「你這個人還真是麻煩ㄟ」這樣的聲音。這並不是誰衝著誰所說出的話，而是我們的社會在當事人失敗的時候，所發出的究責聲音。在這個人與人之間的連結關係日漸疏離的社會，只要稍有一點的觸發點，好像隨時就能引爆這樣的言語暴力。結果，暴力的「惡人」就這麼悄悄地在當事人的內心住了下來。

「你這個人還真是麻煩ㄟ」。這樣的一句話很可能會在失業的父親心中不斷的迴盪。為了擺脫這個聲音，失業的父親可能就開始酗酒，開始對家庭施以暴力。結果，他的孩子也變得不敢與人親近，受到班上同學的孤立。孤獨是一種連鎖反應，所以說，**孤獨是一個社會課題**。沒有包容性的競爭社會造成了社會人心的孤獨，而這種孤獨的連鎖效應就這樣一點一點地摧毀這個社會。

人與人之間的連結關係當然必須要再重建。為此，許多人努力增設收容住所以及諮詢窗口，試圖將這樣的連結關係傳達給孤獨的人。設立「孤獨・孤立對策辦公室」應該也是其中的嘗試。然而，這並不是一件簡單的事。僅僅提供可以連結的關係並不能真正解決孤獨的問題。當一個人正處於最感孤單狀態的時候，他們會拒絕接受外界所提供的聯繫，甚至會試圖破壞這些連結關係，因為他們的內心還住著一個充滿暴力的「惡人」，所以很難讓他們相信這些連結關係是安全的。這絕對是一項艱鉅的工作。我們必須理解他們的恐懼，並且持續不斷地建立彼此之間的友善關係。為了重建內心的安全空間，需要的時間會很長很長。

但是，在重建的過程中，協助的人也可能會變得孤獨。如果遞出的橄欖枝不斷地遭到拒絕，到了一定的程度，他們也會開始自我懷疑「自己是不是一直在製造別人的困擾」。就像伸手觸摸冰塊，手也會變得僵硬。**試圖介入別人的孤獨，自己也可能變得一樣孤獨**。因此，所謂孤獨的對策不僅需要支援孤獨的人，也需要支援那些提供幫助的人。就像是一個家庭，單靠媽媽一個人或是爸爸一個人很難完成教養兒女的工作一樣。為了要好好地照應當事人，背後絕對需要無數的連結關係。

孤獨具有連鎖效應。但是，我們應該也可以建立起連結關係的連鎖效應。也就是說，我認為政府在內閣的部門之中，給了孤獨對策一個房間，設立了一個小部門，絕對是值得肯定的事。孤獨是一個需要整個社會來支持解決的課題。因此，我們應該要持續關注這個議題，以免那些嘗試解決孤獨問題的部長們，又孤單地退回那個冰雪覆蓋的辦公室裡。協助孤獨的人，支援助人的人，甚至支援那些實際執行協助支援的人。這樣無窮的連鎖效應才是連結關係的真正重建。

（摘自《朝日新聞》，二〇二一年三月十八日專家觀點專欄）

✝孤獨與孤立的區別

有一個議題在這篇「社會季評」沒有被提及，就是當你在考量「聽」這件事之前，最重要的是必須先了解孤獨與孤立的不同。

看似非常相似的兩個名詞，又似乎指的是同一種狀態，但實際上是完全不同的兩種概念。

例如，當有人說「這個週末有個孤獨的時間」時，有可能指的是倘佯在充滿森林芬多精的溫泉飯店，享受一個人的獨處時光，回想人生曾經有過的這段、那段的生活回憶，滿滿的充實多彩的度假氛圍。

但是，如果有人說「一到週末就覺得自己孤立一人」，讀者的你是否也嗅到了某種氛圍，感覺這個人的家裡是不是出了什麼問題。

孤獨之中也可能會有安心的感覺，而孤立則是存在著焦慮不安。

至少我是這樣區別。

從字面上來看，孤獨和孤立所表現的都是獨自一個人的狀態。但是，實際上當事人的內心世界卻是截然不同的心境。

孤獨時，內心的世界是屬於自己一個人的。

自己的內心世界有個上鎖的私密空間，無須擔心有人任意闖入。可能也有感覺寂寞的時候，但是，同時也可以不受外人干擾，在自己的內心不斷地探求自己的世界。

相較之下，孤立的內心世界則是一個共享空間。

在那個空間進進出出的有討厭的人、令人恐懼的人、別有用心的人。

所以，雖然外表看起來同樣是一個人，但這個人卻是夾雜在各種「那個人就是把我當笨蛋」、「那個人一向不喜歡我」、「我根本是個不應該存在的人」的思維威脅之中。

✝孤立所呈現的狀態

當我們處於孤立狀態時，我們並不覺得「我只有一個人」或「我覺得好寂寞」。而是，內心世界充滿了自我責備的聲音，例如「大家都瞧不起我」、「自己就是個一無是處的人」或「我不該活在這個世界上」。

內心深處住著一個自己所想像的「邪惡之人」。

隨著諮商經驗的累積，我也經常發現，當我的當事人可以釋懷地說出「我真的覺得好寂寞」時，此時上述所描述的那些邪惡的聲音，就會像清風一陣，突然就消失得無影無蹤，當事人才又可以開始回歸平靜的心境。

一旦內心嘈雜的惡意聲音不再出現，我們才會猛然發現自己就是一個人。此時，我們才會意識到**「是啊，我曾經是那麼的寂寞」**。

這就是孤獨。

因此，當我們可以說出「我真的覺得好寂寞」這樣的話時，孤立就能轉換為孤獨，治療才可能有所進展，內心世界也會再向前邁進。

我們再總結一下。

內心世界是住著伺機而動充滿暴力邪惡的「惡人」，或是心無雜念靜靜的一個人，所顯現的就是孤立與孤獨的不同。

因此，我們可以說前面的章節所提及的「孤獨」應該是包含了以下兩種意義。分別整理如下：

當一個人處於孤立狀態時，是根本無法聽進別人所說的話，但如果可以轉換為孤獨的狀態，聽人說話的力量又會再度回復。

✝細心照顧

重要的是，為了要讓自己的內心能有安靜獨處的時候，我們必須要利用現實的外部環境好好地細心照顧。

例如，擁有穩定的工作、可以信任的朋友、足夠的金錢，以及一個可以長久居住的住所。

當我們擁有了現實生活中這些實際的支持，我們的內心就不容易再受到威脅，我們的內心世界才可能擁有自己的私密空間。

正如前一章曾經提過的溫尼考特，就把這樣的現實條件稱為「可以獨處的能力」。讀者的你可以想想，你是不是經常可以**在日本電車上看到輕鬆自在打開書本閱讀的乘客**，雖然周圍擠滿了人群，但他們還是可以宛如只有一個人的自在。

但是，這也是乘客們知道周圍不會有要傷害他們的人。如果周圍的人個個手握刀刃，即使是坐在豪華的商務車廂，肯定也無法輕鬆自在的閱讀。

孤獨的前提一定是要有穩定的現實條件。

相反地，當現實條件不穩定，而且困頓時，這樣的人更容易陷入孤立。

沒有錢、沒有工作，或者即使有了錢、也有了工作，當面臨生活不穩定，即使周遭有許多的連結關係，這時的內心世界依然很容易受到充滿暴力邪惡的「惡人」的攻擊。

孤立當然是內心世界的心理問題，但也是政治和經濟問題，原因就在於此。內心的心靈世界和社會本來就是盤根交錯、相互影響的兩方。

✝私密空間的力量

最近在援助無家可歸的遊民支援領域裡，有人不斷地積極推廣一種名為「居住優先」（Housing First）的概念。

一般來說，援助無家可歸的遊民通常都有一定步驟。首先是協助他們住進宿舍或是政府所提供的公共設施，再來是輔導他們找到工作，隨著時間的推移，慢慢再協助他們可以自己租屋獨立生活。是一種按部就班，逐步提升的概念。

但是，如果是「居住優先」的話，顧名思義，首先就是要先有住處。

也就是說，必須先幫助他們有一個家，然後再輔導他們找工作。

不！可能不工作也沒關係。如果認為「住者有其屋」是人權的話，那麼當然首先就是必須先提供他們一個家。

在這個時候，「家」的定義就不再是一個只能遮風避雨的地方，而必須是要可以完全屬於自己的私密空間才是重點。

也就是說，在這樣的空間裡，我可以不用理會任何人，我想放屁就放屁，房間裡衣物雜亂不想整理也沒人可以管我，浴室、廁所想用多久就用多久，甚至於放肆的自慰行為等。

這些都是以擁有個人的私密空間為**人的基本權利**所建立的考量。

而有趣的是，相較於「先有工作再進展到擁有私密空間」這樣按部就班、逐步提升的模式，如果首先就「先擁有了私密空間」，那麼誰還會想再去工作呢？居住優先這樣的概念豈不是讓人更難跨出尋找工作這道門檻？

但如果我們易地而處，換個角度思考，說不定你就比較容易了解。工作結束之後，是否有一個可以完全屬於自己的私密空間，讓自己的身心得到真正的休息，所產生的結果絕對非常的不一樣。

相較於「必須先努力工作才能獲得私密空間」的模式，我倒是認為「先擁有私密空間，然後才能努力工作」的模式，才是比較符合人性的需求，不是嗎？

我們常常會對人說「要加油喔！」，但要能夠加油，首先不就是應該要有一個安全的環境？

通常我們會認為預先給付工作報酬，可能會讓人變得怠惰不想認真工作，因此才有

「先達到成果再給予報酬」的制度，乍看之下好像很有道理，但我認為這樣的型態反而阻礙了許多想努力工作的人的意志。

我曾經是個棒球隊的候補球員，因為對於總是無法上場比賽，經常感到無比的沮喪。所以，每當球隊練球時，我當然也就沒有那麼用心。**如果當時我事先就能知道自己會被安排上場打球，那我肯定是要非常努力的練習。算了！世界就是這麼殘酷**。

好像偏離了主題，讓我們再回到私密空間的議題。

擁有私密空間為何有利於心理健康（當然對於身體的健康也是），因為這樣的空間可以阻絕外界的恐怖暴力。

只有擁有可以上鎖的私密空間，我們才能夠靜下心來思考。否則，我們的精神只會時時刻刻被周遭的人事物所牽引。

英國作家維吉尼亞．吳爾芙（Virginia Woolf）在她的長篇散文《自己的房間》（*A Room of One's Own*）中，就曾經寫道：**「如果一位女性立志想要寫小說，她們一定要擁有金錢和一個屬於自己的房間。」**這真是一句名言。

這不僅僅是為了寫小說，如果要能夠與自己對話，一個可以讓我們暫時忘記外界雜音的私密空間，絕對是不可缺少的。

我是這樣想，不知道讀者的你覺得如何？

或許我們都會覺得很意外，其實真正的重點，根本就不是是否真的需要擁有一間屬於自己的房間的問題，不是嗎？

因為，即使現實環境中，我們真的能夠有個可以上鎖的房間，我們的內心世界真的就不再出現那個蠢蠢欲動充滿暴力威脅的「惡人」了嗎？

✝心理健康的本質

為什麼孤立的問題，儼然已經成為現在政治和社會的一個重大問題，甚至於問題大到需要設立專門的部門來因應呢？

以較為廣泛的脈絡來看，我個人認為是過去的二十年來，因為過於強調新自由主義，使得我們的社會變得過於分裂，每個人都承受過大的壓力所致。

就像精神疾病已經被納入日本國家的五個重大疾病之一的政府政策一樣，每個人都有面臨精神疾病的風險，心理健康已經成為一個嚴重的社會問題。

所謂心理健康的本質，歸根究柢其實就是「建立關係」。

儘管學術界對於大腦的研究日益進步，關於內心精神層次的論文也是不可勝數，但是，不管怎麼說，現實中可以建立良好的關係連結，對於心理健康才是不可或缺的最簡單實際的做法。

孤立絕對是對健康不利的。

例如，當照顧者受到孤立時，就容易發生虐待事件，而成癮症的背後原因也常是因為被孤立於人群之外，所以只好依賴酒精或藥物。

憂鬱症雖然已經被判定是大腦功能出現的問題，但是大腦的病變，絕對不是憂鬱症的唯一因素。因為被孤立而產生的各種壓力，應該才是憂鬱症的最主要原因。

美國的文化人類學家羅伊・理查德・金科爾（Roy Richard Grinker）在《誰都不正常》（*Nobody's Normal: How Culture Created the Stigma of Mental Illness*）一書中提出了

一個有趣的觀點。

根據金科爾的描述，在美國的某些原住民部落，當部落的成員心情低落時，只要可以和部落的其他成員分享自己的情緒與悲傷，都會被視為是一種正常的治療過程。但是，一旦不再與其他人分享自己的內心感受，一味地獨自承擔自己的情緒，則會被視為是一種病態。

內心的想法在人與人之間互相交流，本來就是再自然不過的事。但是，一旦被禁錮在個人的身體之中，就會成為疾病。或許這就是人性的本質。也就是說，現代的社會因為極力推崇個人主義，使得我們的身心靈一直處在一種不自然的狀態。

因此，心理疾病的治療方法，基本上就是應該要再度建立起人與人之間的連結關係。

儘管一般人普遍認為治療憂鬱症就是要吃藥，調整大腦的狀態，但實際上，最重要的還是「休養」。

而所謂的「休養」，則是盡可能地維持與周遭之間的關係連結。如果當真放任一個人獨處，身心靈可能都無法得到真正的休養。

例如，假使有一天因為生病，向公司請了病假，躺在家裡的床上，腦海裡卻還不時地浮現「我一定給同事造成了不少困擾」、「大家一定覺得我是個糟糕的傢伙」等這類的雜音，這樣的狀態，根本就談不上真正的「休養」。

只有得到家人的理解和職場同事們的支持，這樣的我們才能夠得到真正的休息。

✝內心充滿了各種雜音

而那些入侵我們內心、攻擊我們的雜音，到底來自何處呢？答案是**過去曾經的創傷**，也就是說，現實中所遭受的攻擊雜音，主要是來自過去的記憶。

我們以拒絕上學的孩子為例。

有個拒絕上學的孩子，因為對人感到畏懼，總覺得無論走到哪裡，每個人都是帶著嘲笑的眼神看著他。不去學校反而讓他覺得輕鬆。因此，只要一想到要走進校門，不是頭痛欲裂，就是肚子突然就開始劇烈疼痛。

這樣的現象很可能是過去曾經遭受過霸凌或虐待等的重大創傷，這些創傷有時就是會這麼直接，一下子就被喚醒。而且，很多這樣的創傷，有時都是我們難以理解的狀況。

就是一些小小細微的心理創傷。

例如，在一個家庭之中，父母親總是一味地想給孩子最好的照顧。但是有時這樣一味的關心，反而忽視了孩子的感受。

又或者，學生有時可能也會從學校老師不經意所流露的一抹輕蔑的微笑中，似乎讀出了老師的一點心思，「或許我不應該待在這個班上」的念頭，在此時可能就這樣刻入了孩子的心裡。

因為溝通的不順暢所造成彼此之間的隔閡，**或許都是一些非常細微、小小的傷口。但是，這些傷口會逐漸累積，最終形成了彼此之間一道深深的鴻溝，就像幽靈隱藏在內心深處，化成蠢蠢欲動的「惡人」隨時準備一湧而出一樣。**

關於描寫此類細微傷痛的文章，日本作家辻村深月的作品，應該算是其中的翹楚。她的小說，如二〇一八年獲得本屋大賞的《鏡之孤城》（中譯本皇冠出版），就是描繪處於巨大壓力之下的大人，在不自覺之中傷害了孩子的過程。

聽著這樣一個孤立者的故事，彷彿就是在聽一段帶著許許多多的傷痕，踉踉蹌蹌一路走來傷痛無比的故事。

因此，我們對於拒絕上學孩子的輔導，一定同時也會定期地對孩子的父母和老師進行諮商。因為必須改變那些長期一點一點傷害孩子的溝通方式。

或許大人們從未意識到，那樣的溝通方式已經深深地傷害了孩子，直至經由第三方的提醒，他們才會察覺：「是喔！這樣的話，孩子也會聽進去喔！」

說出傷人話語的人總是有許多理由。父母親也好，老師也好，當自己處於巨大壓力之下時，往往就會一次又一次地說出如利劍般的傷人言語。

如果當時也有個第三方，能夠好好地聽聽這些父母或是老師們心中的苦楚，之後，他們說出口的話或許就會比較溫和，態度可能也會比較柔軟，對待孩子的態度也會改變。

當然，僅憑著這樣的做法，並不意味著孩子就會立即發生改變。

但是，隨著周遭逐漸變得較為平和，孩子也會感受到現實的生活好像不再那麼可怕，對學校的畏懼也才能慢慢消除，駐紮在內心之中的陰影才會悄悄地消失。

或許孩子從此不再拒絕到校，可以自己走進輔導室尋求幫助，或是可以走進教室，坐下來上喜歡的歷史課，甚至發現班上的同學不再用異樣的眼光看待自己，學校不再可怕。

我覺得這些小小的累積的過程，都是心理回復的現象。

駐紮在自己內心深處的那個「惡人」會慢慢地被現實中的別人所取代。

的確，有些人可能會有令人感到害怕的一面，但並不是所有的人都是這樣。有些人可能對人對事比較冷漠，漠不關心。但是，還是會有非常親切，善於關心別人的人。

當這樣的現實的光亮色彩，開始在我們的內心畫布，畫上亮麗的顏色時，我們的傷痛就能慢慢癒合。

✝何謂安心

如果想要關懷人群中的孤立者，有什麼具體的做法，才能對他們有所幫助？

想當然耳，最重要莫過於建立良好的連結關係。但是，這又是非常困難的一件事。

或許你會想嘗試說服對方「這是一個非常友善的關係連結喔，要參與嗎？」希望對方能夠接受邀請，無奈這樣的方式可能會讓對方感到害怕。或者你會說「我們又不是壞人，我們只是想和你保持好的聯繫關係」等等，但這樣恐怕會被當成詐騙集團。

事實上，與其提供一些類似上述這樣模糊的東西，不如提供一些具體且實用的幫助，應該會更有效果。

例如，為無家可歸的遊民提供私密空間，就是一項很好的關懷策略，或是在兒童食堂提供免費餐食等，都是可以解決孤立問題的有效做法。

但是，無論採取何種方法，最重要的還是資金。**有錢才能夠緩解孤立的狀況**。

因為有錢可以帶來安心感。

所謂的安心，就是一種不會發生意外的那種感覺。日常生活的所有層面都在自己的預期之中，周圍也不會有人做出奇奇怪怪的事情。

例如，早上出門上班，一天下來，公司的事情正如自己的預期，沒有太大的差異。一切如常的下班、回家、吃飯，如此的日復一日的感覺就會帶來安心感。

為何霸凌會造成內心如此巨大的傷害，也就在於此，因為孩子無法預測今天去了學校又會發生什麼事情，這樣的恐懼實在太可怕了。

所以說，**和一次就能獲得一大筆金錢相比，能夠定期且定額取得收入的方式，對一個人的健康才是相對好的做法**。

一旦有了這樣的安心感之後，才可能與他人建立起連結的關係。一個人處於不安的狀態時，如果有人想要與他搭話，自然容易引起對方的警戒。而當內心感到安心時，當然就比較容易成為朋友。

與人建立連結的關係真的需要勇氣，而這種勇氣也只有在安心的情境之下，才可能產生。

✝孤立者的矛盾

當我們發現有人處於孤立狀態時，通常我們會認為，只要有人去關心他們，就能解決問題。然而，事實有時並非如此。

同樣的，當我陷入孤立狀態時，此時如果有人想向我遞出關心，我應該也會想「這會不會是陷阱」或「他是不是想要騙我」。

當內心中的「惡人」不斷湧現時，現實中圍繞在自己周遭的人，就很容易統統被視為是惡人。

這是孤立者關懷工作中的一大難題。

助人的人希望能成為孤立者的盟友，傾聽對方的問題。但是，反而被視為敵人。

此外，助人的人偶爾也會無意中傷害了孤立者。畢竟，一個可能是壞人的人突如其來的接近，很難不引起孤立者的恐懼。還有，助人的人有時也可能不小心觸碰了孤立者不願意讓人觸碰的領域。

結果，反讓孤立者認為「他這樣傷害我，這個人真的是不懷好意」。

所以，想要緩解孤立者的心境，建立良好的連結關係絕對是必要的。

但是，當我們想要試圖與孤立者建立起連結的關係時，此時，早已在孤立者內心蠢蠢作惡的「惡人」也會不時地發出聲音，將所有企圖建立起的連結關係，統統塗上邪惡的色彩。

雖然這個時候，我們非常需要提供好的連結關係，來削弱總是在孤立者內心作怪的「惡人」，但是，如果我們只是一味地試圖提供這樣的連結關係，最終我們很可能也變成了那個惡人。

這是一個惡性循環的困境，有著難以掙脫的無奈，所以一定要扭轉這樣的循環。

問題的解決需要時間

那麼，我們該如何解決這樣的問題呢？

其實，答案很簡單——就是「**投入時間**」。

對於心理健康的照護，最基本也是最終的祕訣就是時間，不斷反覆地投入時間與需要照護的人見面。

人的內心絕不可能在轉眼之間就能發生轉變，都是在時間的長期累積，持續地被關心之下，進而慢慢出現轉機。我們絕對不應該期待會有神奇的解方或是命運的相遇，踏踏實實地累積彼此的關係，才可能見到效果。

我也曾經擔任過學校的輔導老師，會去拜訪拒絕上學的孩子家庭。

因為經常在學校等不到孩子的出現，所以，一定要進行家訪。但是，即使去了孩子的家裡，見不到孩子也是常有的事，因為他們總是在睡覺，不會起來。

雖然很遺憾，但我也只能留下字條說「下週還會再來喔」，然後就回去了。等到下週再去時，依然見不到孩子，還是在睡覺，我一樣還是留下了字條，然後就走了。

這種情況不斷地反覆出現，看起來似乎沒有任何的進展。

但是，就在這種一而再、再而三反覆的過程裡，可能就在當事人的心中種下了一顆轉變的種子。突然有一天這個孩子對家裡的人說：「那個人下星期應該還會來吧？然後留下字條就回去?!」

於是，有一天，孩子起床了，不再睡了，雖然還是經由他的母親告訴我「不想見面」，但對我來說，「孩子起床了」真的是個令人無比開心的好消息。

重要的是我讓孩子知道，我不是來傷害他的人。

這些都需要時間證明。

即便多次的家訪，也要讓孩子感受到我不會突然闖入他的房間，也不會說什麼奇怪的話。

透過這樣的累積，轉變的可能性也會越來越明顯，內心慢慢就萌生了安心感。終於，有一天，當我到訪時，孩子已經在餐廳吃著麵包，等待我的到來。

終究，信任關係就是只能透過時間來搭建。

無論你是選擇何種用詞，選擇什麼樣的語調，只要彼此之間沒有了信任的感覺，就只會被對方認為是號危險人物。只有透過不斷累積的關懷時間，才能建立起對方的安心感。

也因為如此，日本協助照護的關懷工作人員總是會將「我們一定要再見喔」掛在嘴邊。

我們都相信時間。

這是心理健康照護的終極祕訣。

✝內心世界的多重心思

為何不斷的拜訪會產生效果呢？

我們可能會認為，沒效果的事，見多少次面還是一樣沒效果。但令人意外的是，像這樣的家訪真的很有力量。

想要了解其中的緣由，我們首先必須清楚認識到，**每個人的內心世界同時包含著各種心思**。換句話說，我們的內心可能同時存在兩種相互矛盾的情感，而我們每天都在這樣的情感中拉扯。

例如，當我們感到孤立時，我們的內心總是告訴自己「這些人都是敵人」，至少「可能是敵人」。因此，當我們和這些人在一起時，就會感到痛苦，害怕尋求幫助，只想離這些人越遠越好。

但是，事實上並不是只有這樣。也就是說，在我們內心的某個角落，還存在著另一個聲音，說著「幫幫我！」或「這個人可能是站在你這邊的人」。

一種小小的、微弱的聲音。

這時候，那樣的聲音是多麼的微弱、多麼的慘淡。反而是，「那個人就是敵人！」的聲音占據了整個內心，於是這個孩子不再邁出步伐，不想再去學校。

不斷反覆的要求見面的意義就在於，希望孩子心中的**另一個小小微弱的聲音**可以慢慢被聽見。這也是我從事心理諮商工作的最大動力。

例如，我之前的一個案例。當我進行家訪時，孩子不但拒絕見面，還大聲地喊著：「你就是不懷好意，我不會見你的。」

即便孩子這麼說，也不能當下就立即揮手告別。於是我就和母親聊了孩子的近況。突然有一天，孩子的母親告訴我，孩子昨天說：「明天輔導老師要來，我想早一點睡。」

小小微弱的聲音被聽見了。

孩子的內心雖然不斷地告訴自己，來者可能是敵人，讓他心生畏懼。但是，還是有一點點的成分，期待來的人說不定會是站在他那一邊的盟友。此行也讓我感觸良多，孩子的內心世界同時擁有好多個角色。雖然我心裡很清楚，我當天依然是見不到孩子，因為孩子當下還處於不安的狀態。

當我們了解了孩子的心境，我們就可以追著這個聲音。

說不定你下次的家訪，他已經可以提早起床等待你的來訪，再來的下次，說不定內心的恐懼意念又占了上風。無論在何種情況，我們都能感受到會有一個小小微弱的聲音和另一個強大的聲音在拉鋸。

看著當事人的心境變化，我真的可以感受到**在同一個人的內心，可以同時存在著那麼多個聲音，就像拔河，相互的拉扯**。

隨著這樣的情況不斷地重複上演，慢慢地突然有一天孩子也可以用那個小小微弱的聲音開始交談，孩子的安心感也隨著時間的慢慢累積，使得彼此的關係也越來越親近。

此時，我真的打從心底覺得，能從事這樣的工作真是太好了！

✝第三方的優勢

如果一個家庭已經到了需要第三方介入的時候，應該就是這個家已經出現了某種狀況了。

一個家，每天應該都會有很長的時間需要跟孩子接觸。因此，孩子內心的微小聲音往往就很容易被忽略。

因為，每天早上叫孩子起床，而孩子又經常叫不醒，有時還會因此發生爭吵，父母所聽到的也總是孩子抗拒的聲音。

這時候，父母、孩子以外的第三方就占了優勢。

由於沒有參與這個家庭平常的混亂，**第三方旁觀者的耳朵就會比原有的家庭成員更為犀利**。因此，無論是家教老師或是偶爾來訪的親戚，可能就可以看到平時所看不到的這個家庭的他或她的樣子，聽到一些平時不會關注的聲音。

當然，也不是只有家庭成員之間才會有大聲吼叫的情況。事實上，當助人的人陷入職業倦怠時，也會有類似的情況。

儘管助人的人每天也期待著貢獻自己的熱忱，但是，有時也可能會被埋怨「一點都沒幫上忙」。像這樣的狀況，對助人的人而言，就像被人大聲吼叫一樣，感到「自己真是一個失敗的協助者」，而陷入深深的沮喪。這時，助人者也可能因此而想辭職，也可能真的就離職了。

確實，可能真的有一些「沒有做好」，但也有意外「幫上忙」的時候。如果我們**也能看到那個幫上忙的「也」，就該肯定的確是幫上忙了**。

不要忘了，助人的人也需要支持和鼓勵。助人者經常是很努力地聽人說話，但是，他們也需要大量的時間讓別人來聽他們說話。

支援工作陷入困境的助人者，如果也有第三方的新鮮耳朵，讓別人也聽聽他們說話，說不定就能再度重拾他們曾經遺漏沒聽到的聲音。縱使有人對他說了「你沒幫上忙」這樣的話，但是，如果話裡「也」可以透露著部分的感謝，這樣的感謝雖然夾雜著複雜的情感，絕對可以讓助人者的壓力得以紓解，才能支持助人者重新找回繼續的力量。

✝個人與個人私密空間的關係

話題再回到內心世界的那個個人的私密空間問題。

在這二十年之間，我們的社會逐漸走向碎片化，看似每個人都有自己的個人空間，但實際情況又是如何呢？

一九九〇年代以前的日本，大多數的日本人都是仰賴公司、工會、或是學校等集體組織來帶領我們的人生方向。

這確實是一種非常安全的方式。因為我們搭乘的是一艘艘的大船，不需要過於強調個人，所以一定程度上每個人的內心都可以保有一塊安心的留白。

但是，如果從另一個角度來看，也意味著我們是生活在一個不斷被周遭人打擾的社會。因為是群體行動，所以必須得顧慮周遭的每個人。

事實上，我完全沒辦法適應這樣的環境。我對群體行動和組織行為完全無法適應，甚至參加學校會議時，也是經常腦中一片空白。

如同掉了靈魂的軀體，只是一味地划手機，還經常遭到坐在旁邊的教授訓斥：「開會時不要玩手機！」

我自己也覺得這樣的行為實在不像是個三十九歲成年人應有的行為。

因此，最終，我辭去了大學的工作。

心裡盤算著如果有個自己的心理諮商工作室，想要使用手機的時候，隨時都可以任意使用。

這當然就意味著我已經從大船上下了船，轉而在小舟上航行。

然而，卻是完全不輕鬆。

因為，從此我必須對自己往後的人生，承擔所有風險，負起完全的責任。必須時時刻刻關注海上的動態。即使我可以在想划手機的時候，任意地划手機，卻完全無法安心。

想到這裡，心裡不禁想起一個微妙的問題：到底是大學？還是諮商工作室？哪一個工作才能使自己的內心真正擁有一個屬於自己的私密空間？

看似退出一個大組織之後，才可能擁有個人的自由。但實際上，由於個人工作室的不穩定，個人工作者必須拼命地跟上社會的腳步，當然也就很難在內心之中尋得一方安穩的空間。

曾經，有人稱呼大學為「象牙塔」。那其實是對於大學裡的人總是遠離社會，一味地追求自以為是的學問的一種揶揄。

當然這其中確實存在許多問題，但我認為當時的大學生確實是遠離社會現實，而內心之中擁有寬廣無比的個人私密空間。

也就是說，大學的工作提供了我足夠穩定的環境，出版的書是否能賣出去、所做的研究是否對社會有用，我可以完全不在意社會的動態，我要做的就只是埋首於專業的研究就好了。

那麼就內心世界的個人私密空間來說，離開大學**難道是錯的**？

當一個人完全陷入孤獨時，內心世界是無法真正擁有個人私密空間的，只有在可以與周遭建立起許多連結關係時，個人的私密空間才可能實現。

個人的私密空間之所以能夠存在，那是因為我們的周遭有許多東西保護著我們。只有在安全的環境之下，我們才能夠擁有個人的私密空間，自由自在地思考。

所以說，與其擁有自己的小舟自由航行，還不如在大船上搭起一個屬於自己的私密空間來得悠遊自在。

✝象牙與塑膠

這樣一來，可能有人會問：「你就不應該辭去大學的工作呀？」然而，問題是，現在即使還在大船上，沒有下船，也不一定能有個屬於個人的私密空間。

大學被稱為「象牙塔」的時代已經過去了。

現在的大學已經不一樣了，就像是個塑膠所搭建的透明塑膠塔一樣，並且是毫無死角的全透明。可說是個高度透明的世界。

現代的社會趨勢講求「可視化」，也就是在大學的每一個工作人員，每天的工作內容、工作的貢獻度都要能被看見。由於預算有限，工作項目對於社會是否有所貢獻等的查核也日趨嚴格。

這樣的現象並不僅限於大學。

現在的社會，好像**各個領域都在講求透明化**。例如，搭乘計程車時，也會有廣告播放著：公司如果要達到「可視化」，那就要導入ＩＴ！（這樣的廣告好像不是那麼健康）。社會的氛圍普遍認為，為了提升經營績效，組織就必須變得全透明。

確實，這種做法或許有其必要性，但是，組織的「**可視化**」，也就意味著組織中的每一個人皆是「可視」。也就是說，個人的私密空間不見了。

每個人時時刻刻都處於被人監看的狀態，好像稍有鬆懈就是「不認真」，一定要持續不間斷地努力工作。如此一來，工作效率或許可能有所提升，但像大學這樣的學術場所，反而常是因為大學的世界排名後退而上了新聞，因而導致大家工作情緒低落。

雖然也有人常說「人就是要有壓力才會努力」，這樣的說法，短期內可能會讓人拼命地工作，但卻很難長久，因為個人的身心可能因此感到疲憊，最終導致崩潰。

如果組織的成員一定都要充滿活力，那就只要不斷認真地檢視可視化的成果不就好了，但是，人總有精力充沛和身體狀況不佳的時候。

如果一個公司組織只能有健康、有活力的人，那麼最終只會剩下超人，再也不會有其他人。

所以，雖然可視化的組織很重要，但是，保有一個可以**讓個人偶爾可以暫時隱藏的場所**也很重要。

即使組織變成了透明的塑膠塔，但是組織內部的個人私密空間，應該還是要有一層象牙來保護。這樣就可以算是一種理想的狀態了。

但是現在的社會環境，當然不可能存在這樣的理想狀態，因此我最終還是決定辭去大學的工作。是好？是壞？到現在我也沒有定論。

自由與安心。

兩個很容易形成矛盾的概念，如何才能取得奇蹟般的平衡，好像非常的困難。我也忍不住想嘆口氣。

✝走入「讓人聽我說話的技術」

讓我們總結一下。

在這一章裡，我們從孤立與孤獨的不同開始談起。我們可以看見，所謂的「孤立」是一個人的內心深處經常被內心的惡人重重地包圍控制，而「孤獨」則是在一個人的內心之中仍然保有一處獨處的個人私密空間。

之後，我們也探討了如何防止孤立狀況的發生，如何重建孤立者內心世界的那一處個人私密空間。

重建的困難之處，主要在於孤立會產生連鎖效應。當我們試圖協助與孤立中的人互動，試著聽聽他們所說的話，這些參與協助的助人者經常被視為意圖不善的惡人。

如此一來，內心世界的惡人就會大肆地侵蝕孤立者，使得孤立者的情緒更加孤獨。

回想一下，當我們聽不進去別人所說的話時，應該也是我們自己處於孤立狀態的時候。

一個可以接受部屬抱怨的上司，自己本身肯定擁有其他善意的連結關係。一位想要好好地聽孩子說話的母親，一樣也需要「有人」可以聽她說話。

而那個可以聽這位母親說話的「有人」，也需要有另一個「有人」在背後的支持。因為有人可以聽我們說話，所以我們才有能力聽別人說話。**連結關係的連鎖效應**就是這麼重要。

接下來，我們的主題轉到了「讓人聽你說話的技術」。

為了防止我們的當事人陷入孤立，我們能做些什麼呢？我們會使用一些小小的技巧，幫助我們的當事人有人能好好地聽他們說話。

此時，「讓人聽你說話的技術」是一種被動的形式，這點很重要。很奇特吧，因為所謂的技術通常都是主動型態。

但是，我認為所謂的建立連結關係也就是這樣。

在我做諮商輔導的過程中，最令人感動的莫過於發現原本應該是處於孤立狀態的當事人，其實已經有了某個良好的關係連結。

心裡總是想著絕對不可以給父母親帶來困擾，卻意外發現父親對自己的事情是如此的擔心。

或是，覺得大學裡怎麼都是一群笨蛋，結果發現班上和自己有一樣想法的人還大有人在。

這些人在不知不覺中已經進入了某種關係的連結網絡之中，同時被這個連結關係的連鎖效應所包圍。

我認為，所謂的連結關係，並不是主動形成，而是**當我們察覺時，發現自己已經是被包圍在其中的一種被動型態**。

如果真是如此的話，我們又可以運用什麼樣的小技巧，讓這樣的連結關係可以自然生成，進而形成「讓人聽你說話」的被動型態呢？

接下來我們就來好好探討這個主題。

讓人聽你說話的技術　小技巧篇

當你無法聽進別人所說的話時，通常是因為你說的話沒有人聽。所以，當你聽不進去對方所說的話時，此時的你需要的不是「聽人說話的技術」，而是「讓人聽你說話的技術」。

以下我們就開始進入這個主題。

「讓人聽你說話的技術」，聽起來還蠻耳目一新。

在談這個主題之前我必須先聲明，「讓人聽你說話的技術」**並不是什麼「高超的說話術」**。

當對方一直不想聽我們說話時，我們往往會以為是自己說話的技巧不夠好，其實這是一個很大的誤解。

以TED的演講、YouTube的影片，或是商業的簡報而言，「高明的說話技術」的確非常重要。

因為，此時的你必須傳達你所要銷售的商品是多麼的有魅力、你的創意是多麼的有趣，或是你本身是多具有吸引力等的印象，才能讓聽你說話的人感覺「真的好棒喔」。

「高明的說話技術」就是一種展現自我優勢的技巧。

但是，當面對沒有人要聽我們說話的這一刻，我們真正需要的，並不是如何展現自己優越的技巧，而是要讓別人了解我們的弱點。不是讓人看到我們光鮮亮麗的一面，而是希望別人能理解我們脆弱的那一面。

所以，當我們在陳述這些困境時，是完全不需要歸納整理，也不需要邏輯，更不需要說話簡明扼要。因為一般人在談論自己最不堪的痛苦時，大多是很難有條理地敘述。

所以，我們需要的**不是一個聰明的腦袋，而是一個充滿迷惘的心**。

當我們的臉上寫滿了迷惘的表情，周遭的人很可能就會擔心地反問：「還好嗎？發生什麼事了嗎？」一旦有人這麼問，那就成功一半了。接下來只需花些時間，讓對方聽你說那些沒有條理的話就行了。

所以，**「讓人聽你說話的技術」**其實就是**「讓人擔心你的技術」**。

要讓周遭的人燃起「非聽不可」的心思。

在這個過程中，改變的不是說話者本身，而是周圍的環境。改變環境就是「讓人聽你說話的技術」的本質。

那麼，具體應該怎麼做呢？

以下我所要解說的這些技術，其實並不會出現在一般的臨床心理學教科書中，而是我在心理諮商領域十五年的經驗所累積的個人心得。現在，我就將過去的經驗中，所使用的一些小技巧與各位讀者分享。

首先，我們先將這些小技巧簡單列表如下：

日常生活篇：

1　找個身旁的位子坐下來

2　一起去洗手間

3　回家時一起同行

4 線上會議後，留到最後再走

5 圍著營火聊天

6 簡單的工作一起做

7 試著說點別人的壞話

緊急事態篇：

8 一定要提早告訴周遭的人

9 表現出心事重重的樣子

10 那就頻繁地去洗手間吧

11 談論一些服用的藥品、健康檢查之類的話題

12 試試配戴黑色口罩

13 故意遲到或是錯過截止日期

乍看之下好像是一張非常亮麗的清單，但還請放鬆心情聽我慢慢說來。

†日常生活篇

「讓人聽你說話的技術」大致可以分為兩種。

一種是為了建立可以讓對方聽你說話的關係，利用日常生活所取得的技術。另一種則是遭遇困難時，希望有人可以聽你說話的技術。

換句話說就是：**平時努力耕耘所培養的技術，以及緊急情況下發出求救信號的技術**。

無論哪一種都是我們平時常用的一些小技巧，坦白說，看起來還真有些微不足道，但我還是覺得非常有參考價值，以下我們就開始來談談這些日常生活的小技巧。

†1　找個身旁的位子坐下來

一定要找機會坐在對方身旁的座位。輕輕說一聲「嗨」，然後砰的一聲坐下來。

例如，大學上課的大講堂、沒有固定座位的辦公室，或是參加某個講演集會時，我們往往喜歡選擇後面一點的座位，但如果碰到曾經見過面的人，還是會不由自主地挑選那個人旁邊的位子坐下來。

或許你們並沒有什麼話要談，但**就是想坐在那裡就好**。坐在旁邊，好像這件事就有了力量。

如果連續坐上三次左右，熟悉感就會逐漸產生，可能就會開始一些簡單的交談。

†2　一起去洗手間

接下來，再試試一起去洗手間。「哦，好喔！我跟你一起去」有了這樣的感覺就好。

這裡不是要強調「去洗手間」這件事，你也可以選擇午間休息時一起去刷牙，或者一起去抽菸也可以。

洗手間、刷牙、抽菸，這些基本上都是單獨就可以完成的事情。然而，**為何要一起去呢？**這就是人與人之間的神奇之處了。

一個人就可以完成的事，如果兩個人一起去做的話，往往就會開始聊一些無關緊要的話題。

†3　回家時一起同行

現在，讓我們再繼續下一步。

回家時一起走吧！

不論是哪一種場合，例如：學校、職場，或是聽完講座之後，總是要與人一起走到車站。

其實這是我非常不擅長的場景。

就像前些日子，在一場對談結束後，我和我的對談對象一起走出會場，這時氣氛就有些微妙了。當時我心想，接下來該怎麼辦呢？

最後我還是在忍耐沉默了兩秒鐘之後，打破沉默說：「我想先抽根菸再回去。」然後就自顧自地逃離了同行。之後的兩三天，我一直沉浸在懊悔之中，其實我應該要和他一起走去車站才對，因為路上我們應該還可以多聊聊。

但是，再仔細想想，如果當時的氣氛有點不是很自然的話，其實就是表示對方也同樣感到困擾。同行也可、自己走也無所謂。但如果對方遞出了邀請，或許就可以一起走。就「讓人聽我說話的技術」而言，能夠邀請對方一起吃個飯是最好不過的，但是，如果這個難度太高的話，也可以再觀察一段時間。

其實，當時的我就應該問：「**你要去哪個車站搭車？**」

回家的路上，通常都會比較放鬆，平常不太會觸及的話題，在這時候說不定都可以談。

最極端的情況則是在旅行結束的回家路上。

經過了一整天的玩樂，身體已經筋疲力盡，就在此時又碰到高速公路的大塞車，感覺還要好久好久才能回到家。

如果這個時候，你坐在副駕駛座上，千萬不可以睡著。並不是這樣對開車的人不公平，而是這時候，正是你們可能展開一場平時不會談論的對話的時候。

疲憊不堪再加上無事可做的時候，迷惘的心往往就會浮現出來。

✝4 線上會議結束後，留到最後再走

這個的進階版就是，視訊會議結束後，最後一個離開會議室。

近來，線上會議的會議型態也逐漸形成了一些較為貼心的禮儀。就是會議結束後，會議的主持人不會立即切斷畫面，會觀察參與會議成員的離場狀況，等到大部分的人都離開了，最終才會切斷畫面。

我有一位精神科醫師的朋友，他總是會在視訊結束後，還繼續保持鏡頭開啟的狀態，一定會堅持到最後一位與會者離場才關閉視訊鏡頭。從旁人的角度來看，這或許只是一個不知所以的舉動，但我的朋友發現，當會議只剩兩三人時，這時彼此間可能就突然開始了交談。

可能討論會議的感想、聊聊家常，這些通常是所有人都在場時很難談論的話題。

就像**古人所謂的「廊下私語」**這樣的場景。

例如，有時我們會聽到「**今天的會議開得有夠久的！**」，會議結束後有人在走廊上的抱怨。但COVID-19的時候，這種交流變得很困難，因此，我們可以透過視訊會議結束後，等到大部分與會人員散去關閉畫面的這段時間，來替代從前那些走廊上的閒聊。

†5 圍著營火聊天

總而言之，「讓人聽你說話的技術」重點就在於，要稍微忍耐彼此感覺尷尬的時刻，盡量和對方待在一起。

即使當時沒有想說的話，但只要人在旁邊，就可能在不經意之間，開始平時不太會交談的話題。這也正是這項技術的重點之處。

在這方面，最好的道具就是營火了。

火焰這個東西，光是盯著看就足以讓人感到可以待上好久好久，更何況大家都是同樣注視著同一個方向，感覺真不錯。面對面會讓人感到拘謹，但**排排坐時，就很容易讓人不自覺地聊起天來**。

如果是去看星星，可能會讓彼此感到無聊。因為星星不太動，看久了脖子還會酸。而日出和夕陽又結束得太快，時間太短，都不太適合。

大海或許是個不錯的選擇，因為浪起雲湧多變化，還有需要排隊等待的遊樂園都算是不錯的場地。

不過，彼此能夠在一起圍著營火的關係，或許已經不需要「讓人聽你說話的技術」，因為你們應該已經是能夠聊很多話題的關係了，所以**這項技術可能有點多此一舉了**。

✝6　簡單的工作一起做

基於同樣的道理，接下來我要推薦一項再簡單不過的技術。完全無需動腦一看便會的技術。

話說我還在大學工作的時候，每逢開學典禮或畢業典禮前夕，我們都必須準備大約四十種不同的印刷資料並且裝入信封。當時我還曾非常惱火這樣的印刷資料，不是應該利用現代科技下載不就好了嗎？很意外地，一旦開始這些裝封入袋的工作，卻發現其實還蠻有趣的。

當時我和同一系所的同事會逐一將印刷品放入信封，但時間久了我的手指就感到非常的乾澀，這時碰到印刷品的手就沒有那麼敏捷，當時的系主任也總是在我們的背後喊著：「東畑老師，你動作太慢了！」真的還讓人倍感壓力。

於是，我也開始了我的回應：「**請不要老是給我們的馬達加速。**」結果系主任當下馬上就模仿起汽車的引擎聲：「咘～！咘～！」

系主任的這一舉動，一時就讓我們大家哄堂大笑。從那一瞬間，氣氛不再沉悶，大家開始互相碎念，卻也成了我們共同美好的回憶。

無論是學校文化祭的準備、家長教師會的列印工作等，或者日本櫻花季時，提早下班去公園占位子等等。

不管做什麼都可以，只要頭腦放空，往往會更容易讓人願意聽你說話。

†7 試著說點別人的壞話

來了！來了！我們最後就要談一個較為嚴肅的建議。

如果有了讓別人聽你說話的機會，這時何不鼓起勇氣說些其他人的壞話。例如：「那個人講話每次都滔滔不絕」或者「為什麼我們非得做這些浪費時間的工作呢？」

其實，讓你感到厭煩的事情，可能其他人也有同感。而且，您不覺得當我們在說別人的壞話時，彼此之間的關係也好像突然變得親近起來。

為什麼會這樣呢？

因為說別人壞話通常只是自己的一種情緒的分享，無關乎學歷、智商，就是來自一顆困惑迷惘的心。

有時候隨便脫口而出的壞話、抱怨、厭煩討厭的事情，往往很可能成為開啟話題的契機，讓原本拘謹理智的對話，可能立即就轉變成了一場解惑的心靈交流。

所以我們會說，**抱怨的話才是真正的人性語言**。

✝讓身體說話──日常生活篇總結

上述就是一些「讓人聽你說話」的小技巧。

這些技巧追根究柢就是**肢體語言的一種溝通**。

當兩個身體靠近，當處於一個模糊又曖昧的頻率時，一些平時很難說出口的矛盾，可能就會自然脫口而出，而耳朵也會不由自主地接受這些言論。肢體語言的溝通也就在這樣的不知不覺中開始。

當你與別人在一起，覺得時間尷尬又難熬時，不妨試著將你的肢體語言和對方調在同一個頻率上，乍看之下，可能只是一些殺時間的閒聊，說不定就可以拉近彼此的距離而成為朋友。

經此一說，這些技巧還真的可以被視為是交朋友的一些技術。

總歸一句，所謂的「讓人聽你說話的技術」，或許也可以說是**將完全陌生的人轉變為生活中的一般朋友**的技術。

✝緊急事態篇

建立了日常的關係之後，接下來我們來談談在緊急情況下「讓人聽你說話」的小技巧。

坦白說，「讓人聽你說話的技術」本質上，就是在遇到困境時，周遭有可以聽你說句**「可以聽我說一下嗎？」**的人。這才是關鍵。

但是，也很困難。

日本精神科醫師松本俊彥曾編寫過一本書《說不出「請幫幫我」》（原書名『「助けて」が言えない』，二〇一九年，中央公論新社），該書就是在探討當真正需要有人幫助時，為什麼我們反而很難開口說「幫幫我」。

因此，「讓人聽你說話的技術」的緊急事態篇就是指需要有人幫忙卻開不了口說

「幫幫我」時，讓周遭的人也能察覺異樣，然後問聲「發生什麼事了嗎？」的小技巧。
以下我將一一介紹這些適用的小技巧。

†8　一定要提早告知周遭的人

與其說是小技巧，不如說是基本的重中之重，或許不該將其編列在小技巧篇，但是，實在是太重要了，所以還是必須一再叮嚀。

在陷入緊急狀態之前，一定要提早告知你周圍的人，自己可能即將面臨什麼樣的困難。因為，畢竟**預防勝於治療**。

如果你察覺到可能會碰到麻煩，或是所負責的某項工作即將遇到難題，都應該提前讓周遭的人知道即將可能發生的困境。具體可以這麼說：

「目前還好，但未來可能會有問題。如果那時候需要幫助，我想向你請教。」

這樣說的話，我想對方應該也會感到開心，因為提前告知，至少心裡能有所準備，也會覺得自己被尊重和需要。

一旦事情發生了，他們也能主動關心你，詢問「發生什麼事了嗎？」並且也可以適時地提供幫助。在這樣的情況下，問題通常不至於演變到最壞的程度，反而比較容易適時停損，渡過難關。

被關心本身就具有強大的力量。

話雖如此，但對於像我們這樣**不容易開口說「可以聽我說一下嗎？」**的人來說，這可能是個不容易跨越的門檻。

所以，接下來我們就來介紹幾個，在沒有任何心理準備的情況下，該如何處理面臨緊急事態時的小技巧。

†9 表現出心事重重的樣子

試著表現出一副心事重重的樣子。

或許你要問，真的有必要這樣嗎？有時遇到困難了，真的不要勉強自己還要保持微笑，就帶著一副滿是鬱悶的表情去上班或上學試試看吧！

在前面的「聽人說話的技術」中，我們曾經提過眉毛的溝通技巧，現在就試試在辦公桌前整日眉頭深鎖，或者早上連頭髮也不整理、不化妝就去上班、去學校吧！

當你表現出一種前所未有的懶散頹廢時，周圍的人肯定會感到好奇，一定很想問：「到底發生什麼事了？」

其實我對這樣的行為還蠻擅長的。

當時我還在大學裡工作，就曾經以**一副要死不活、如槁木死灰的樣貌出現在辦公室**。結果，同辦公室的老師、同事一會兒給我買營養飲料，有人盡量協助我的工作，希望減輕我的負擔，不時還會送來關心的問候。

或許有人會覺得我是個令人討厭的傢伙，連我自己也是這麼認為。當時的我真的覺得自己的確是個麻煩的人，可能給很多人添了不少麻煩。

算了，**「這樣也不錯」**，當時我心裡真的就是這麼想。因為，當時的我的確是個麻煩人物，那時候心裡滿是心力交瘁的疲憊感，也因為老師同事們的幫助才度過了那一段灰暗的時期。

也就是因為有那一段時間的經歷，才使得我希望有機會也能成為別人的助力。

就像金錢要不斷的流通才能創造好的經濟循環一樣，關懷也是，應該不斷地在人與人之間來來回回。

✝10 那就頻繁地去洗手間吧

接下來是上述技巧的加強版，就是頻繁去洗手間。

千萬不要刻意不去上廁所。有時我們會因肚子不舒服或是有頻尿等症狀時，常會羞於頻繁地去洗手間而不去，想去卻一忍再忍。

大小便的生理問題容易讓人覺得不好意思，所以有時課堂上或會議時想去洗手間，我們也會試著拼命忍住。

但是，此時我們其實不該忍耐，應該毫不猶豫地去上廁所。**上廁所是人類最基本的權利**，更重要的是，頻繁去洗手間這樣的事才會引起別人對你的關心。因為每個人都可能會經歷相同的苦痛，「還好嗎？沒事吧？」應該會不斷有人關心問候你。

同樣地，當你身體不舒服時，最好也是直言不諱。因為身體的不適很自然地也會讓你的心理感到不舒服。

這也是醫療人類學的領域經常被引用的觀點，例如東亞地區常說的憂鬱症，就不僅僅是精神上情緒低落的問題，更常的是**以身體不適的樣貌顯現**。

例如，許多拒絕上學的孩子，很多都會出現異常的胃痛、暈眩或是早上起不來等症狀，這些身體的不適都導致了他們無法上學。

換句話說，對於我們自己的內心世界，我們可能常常不知道如何處理，但是，對於外在的身體，我們還是比較有把握。所以，當有人關心的是你的身體狀況時，我們也較容易接受別人的關心。

所以說，身體的健康與否可以是拉近彼此關心的一個很好的媒介。當彼此開始談論肚子痛，可能就會進一步談到「其實上星期我們家……」等私人話題。

然而，最近由於新冠疫情的影響，有些身體不舒服的人很容易讓人以為可能是確診者，所以身體感到不適的話題也讓人越來越難以啟口。

這真的不是一個好現象。連身體不舒服都無法得到他人的關心，那麼是要等到什麼時候才要關心呢？

†11 談論一些服用的藥品、健康檢查之類的話題

接下來是一個非常小的小技巧。就是在別人面前吃藥這件事。

如果你在飯後或開會前，刻意拿著四、五顆藥丸在大家面前一口吞下，周圍的人通常會問：「怎麼了？發生什麼事了嗎？」

此外還有，健康檢查的數據也是一個相當有效的話題。

我曾經有一段時間和我的指導教授關係有些僵化。或許是我曾經有過被害妄想症的傾向，或者是我的想法有所偏差，總之關係就是沒有那麼和諧。

但是，就在某次與好久不見的教授碰面時，我提及了「我上次的健康檢查，**肝臟指數還蠻高的**」，沒想到我的指導教授馬上接著就說，他的指數更高。於是我們開始關心起彼此的健康，經過那一次的交流也使得我們關係大大地獲得改善。

我覺得這樣的做法還真的很不錯。即使我們的想法不同，但因為關心身體的健康問題，關係也因此變得更親近。

年輕的時候總是覺得很困惑，為什麼老人家總是喜歡談論健康的話題。現在的我才明白當時的我實在太膚淺了。健康話題絕對是一種對彼此生命的關懷，也是維持社會關

係的一種高度智慧。

†12 試試配戴黑色口罩

接下來我們換個主題。遇到問題時，有別於平時的外表裝扮，換個風格也會是個不錯的做法。

如果一個平時只佩戴白色口罩的人，突然有一天換上了黑色口罩，周圍的人通常會好奇地問：「發生什麼事了嗎？」

還有，突然剪了短頭髮、染了金色頭髮、剃光頭，甚至剃鬍子、打耳洞、換戴隱形眼鏡等，這些突如其來的變化都能引起關注。

或許你會覺得，裝扮的突然改變會引起話題不是理所當然的事嗎？但是，這個小技巧的重點主要是向周圍傳達自己內心變化的訊息。

很多時候，我們難以用言語表達自己內心的痛苦或困境時，我們真的可以運用自己外在的改變引起周遭人的注意，**因為我們需要的是周圍的人的關心，甚至說聲「如果有什麼我可以幫忙的話請告訴我」**。

所以，說不出口的「請幫幫我」這句話，就請用黑色口罩來代替，藉由外觀的變化來暗示內心的掙扎。

我們不妨先買個奇怪一點的領帶或印有奇怪圖案的T恤試試。

†13 故意遲到或是錯過截止日期

再來就是故意做出一些不應該出錯的失誤行為。

這項小技巧應該說是「讓人聽你說話的技術」中最為重要的一項。

例如，遲到。如果你是學生，可以選擇大大方方的第三節課再到學校，或者簡單一點，刻意遲到十五分鐘再進教室。

我個人非常不擅長遲到這個小技巧，因為我是個寧可請假也不願遲到的人。但是，其實請假並不是一個好的方法，因為如果請假了，就不會有人問你：「發生什麼事了嗎？」

此外我覺得，錯過了截止日期也是一個不錯的技巧。

我個人是個非常守時且遵守日程的人。例如與出版社約定的截稿時間，我一定是那個提早兩星期交稿的人。

因為我總是很擔心臨時出錯而交不了稿這樣的事。所以我非常佩服那些在截稿的前夕還在連夜趕稿的人。

但是，最近我卻恍然發現，錯過了截稿日期，反而更能引來許多的關注。

就好像我寫這本書的時候一樣，**當我感到遇到瓶頸寫不下去時，總是想著，算了！不要寫了**。這不就跟我因為時間來不及都遲到了，就算了請假不去了的想法一樣嗎！

有一次我真的跟出版社說，我寫不下去了，不寫了。結果負責我的案件的編輯柴山先生就把我找去新宿附近的咖啡店，當時的我非常的恐慌，以為他是為了責備我而來，最後卻只是默默地聽著我講述我的不安和不停地叨念。

如果那一次我也是嚴守日程，努力不懈地在截稿日期之前完美交稿，絕對不會有任何人會關心我是否遇到了困難。

當然我們也不需要故意搞砸任何事，但是當身心面臨極大的壓力時，還真的很容易造成失誤。

在感覺不舒服或處於困境時，其實是一個讓人主動關心你很好的機會。

✝未完的技巧——緊急事態篇總結

讀到這裡，讀者們的感覺如何呢？

或許在這個世界上還有很多「讓人聽你說話的技術」。也許你也曾經「這樣做的話，一定有人會聽你說話」的體驗，一些屬於你獨特的技巧。

如果你願意，非常希望你也可以**在社群媒體上分享你的經驗，只要標註「#讓人聽你說話的技術」就可以分享**。如果這本書有機會再出增訂版，我一定會邀請你，增加你所分享的小技巧。

看來，「讓人聽你說話的技術」還有未完的續集。

或許你不太認同上述這些小技巧。

或許覺得這樣的小技巧，可能會讓周遭的人感到厭煩，未必就會有人願意聽你說話。我也知道有些人可能會覺得，這樣的小技巧不就是無病呻吟嗎？

沒錯，「讓人聽你說話的技術」還未完待續呀！還缺少最後一塊絕對必要的拼圖。

是的！就是各位**你的助力**。

如果你身邊有人展現了上述「讓人聽你說話的技術」中的小技巧時，請你一定要聽聽他要說些什麼。如果看到你身邊的人突然換戴黑色口罩，或者突然在你面前吃藥，或者頻繁地去洗手間，甚至錯過了某個截止日期，希望你也可以聽聽他們想說什麼。

而此時的你，又該如何開口問些什麼呢？只需要說「怎麼了？發生什麼事了嗎？」就可以了。

上述所列的這些小技巧，其實都是我平時較常使用的「聽人說話的技術　本質篇」的反面寫法。當我的個案當事人身體不舒服時、或是外表的裝扮改變了、或者約好的諮商時間遲到了，我都會問：「怎麼了？發生什麼事了嗎？」

「聽人說話的技術」的本質就是：能夠找出那些正在使用「讓人聽你說話的技術」的人。他們可能說不出口「可以聽我說一下嗎？」，但他們內心卻是十分的徬徨，需要有人聽他們說話。如果可以對這些人問聲「怎麼了？發生什麼事了嗎？」那就是正中了「聽人說話的技術」的核心。

所以，「聽人說話的技術」和「讓人聽你說話的技術」就是一對成雙的組合。

如果你想要練習的話，無論選擇哪一邊開始都是ＯＫ的。

如果你的時間充裕的話，我建議你可以先從「聽人說話的技術」開始。先找找正在使用「讓人聽你說話的技術」的人，嘗試問問：「怎麼了？發生什麼事了嗎？」

如果沒有太多時間的話，那就從「讓人聽你說話的技術」開始，戴上黑色口罩，談談健康檢查的數據話題試試吧！

其實在我們的日常生活中，處處都有聽人說話的人，也有希望別人聽自己說話的人。而這些角色也都一直不斷地交替出現。

而當「聽人說話」和「讓人聽你說話」兩者在社會中可以順暢地交替使用時，我相信「讓人聽你說話的技術」就能成為每個人都會使用的技巧。

讓我們再回到本書的主旨。

學會了「讓人聽你說話的技術」的我們，下一步一定要了解，當你說的話有人聽，會帶來什麼樣的力量。

第3章

聽的力量，關心的力量

我想談談最近日本政府推行的一項小小的政策。從龐大的國家預算來看，這項政策就像砂粒一般的渺小。但是，這項政策卻反映出我們社會的各個角落所面臨的苦惱。

這就是所謂的「心靈的救援者培訓計畫」。今年的預算規模還不到三千萬日圓。根據日本厚生勞動省（相當於：台灣的衛生福利部+勞動部）的說法，目的是為了建立一個安心安全的社區，政府計畫在十年內培訓一百萬名「具備正確的心理健康、憂鬱症和焦慮症等精神疾病知識與理解的傾聽型援助者」，以便為正為心理問題所苦的家庭或公司同事提供支援。但是，實際上，這個計畫只夠讓社區民眾接受大約兩小時心理健康方面的培訓，坦白說，這樣的訓練也只能讓一些非專業的素人懂得一些皮毛而已。但是，我們千萬不要低估這樣的培訓，**雖然只是些皮毛的訓練但也極為珍貴**。

當我們談到所謂的「心理健康」照護，聽起來好像是專門的人才能做的專業工作。其實不然，這些工作的真正主角其實大多都是一般的素人。因為當我們的內心受創時，最早伸出援手、並且始終陪伴我們的，絕對不是所謂的專業人士，而是我們的家人、朋友和同事等這些非專業的一般人。

例如，如果你的同事最近因為離婚，而在精神上出現了異樣，你可能會擔心他可能在精神上因此受到了打擊。因為擔心，所以你可能會體貼地主動分擔他的工作，或是邀請他外出散心。因為這樣的關懷，他也就逐漸釋懷，最終得以回復並如往常一樣的工作。許多精神上的危機，其實根本不需要借助專業人士的助力就可以克服度過。

這種情況，從前的哲學家康德（Immanuel Kant）就曾將這樣的力量稱為「**社會常識**」。也就是說，生活在同一個世界的我們，對這個世界抱有相同的認知，對生活中的酸甜苦辣有一種可以互相體會的理解。這樣的社會常識可以讓我們理解離婚所帶來的傷痛，以及會有一段必要的時間，作為回復的過程，讓我們有應該關懷對方的心理準備，並且維護他在群體中的位置。基於這樣的社會常識，也就形成了這一群非專業素人的互相支援與幫助。

這樣寫或許過於樂觀了，畢竟世俗的社會常識也可能是群體中一種排除異己的力量。舉例來說，如果那位離婚的同事一直活在受挫的沮喪之中，久久無法恢復，工作總是一再拖延、心情煩躁不已，總是莫名地對周圍的人發脾氣，如此一來，所謂的「社會常識」便會開始對他感到不耐煩。慢慢變得不能諒解他，甚至把他視為麻煩人物，使他漸漸被孤立。

這時，專業知識就是解藥。開始會有人說：「他是不是得了憂鬱症了？」周圍有了這樣的想法之後，人們的視角就會跟著改變。原來延宕的工作和煩躁開始被視為憂鬱症的現象。接下來，周圍的人可能開始建議他去就醫，或是對他給予更多的耐心。

這樣的非專業判斷也正是種在對方內心那一顆小小「心靈的援助者」的種子。如果此時能夠立刻與這方面的專業人士聯繫，周遭的人也能獲得正確的資訊，了解他的情緒變化其實是他的求救訊號。如此一來，原本被視為「麻煩人物」的人，就會轉變為需要被關懷的人。

這就是「心靈的援助者」背後的「心理健康急救」的理念。所謂的「心靈的援助者」指的就是透過專業知識的淺層學習，學會基本的急救處理和如何引導他人尋求專業幫助的非專業素人。「社會常識」的不足之處，就可以用專業知識來補足。

但是，我們也不能忽視，專業知識有時也可能成為一種暴力。當一個人被貼上「憂鬱症」或「焦慮症」的標籤時，原本應該在周圍的人的照料下即可解決的人生課題，反而**被歸類為心理學或醫學上的問題**。這會使得這個人再次以另一種方式受到孤立。這也顯示了專業知識所擁有的強大力量。

身為心理師，我深有體會。我們在研究所時必須學習大量的專業知識，但是，這些專業知識若無法結合一般生活的「社會常識」，便無法發揮作用。如果無法透過「社會常識」來想像當事人日常生活中的真實處境，那麼援助就變成一種強迫性的專業知識，變得不切實際。因此，身為心理師的專業人士**在私領域中也應脫下專業人士的帽子，好好地過好自己的真實生活**。這樣的生活方式才能真正體會社會常識與生活的酸甜苦辣，可免於受困於專業知識的束縛。

我們現今的社會太大也太複雜，因此，僅憑世俗的社會常識或專業知識都難以完全理解每個人複雜的心理狀態。在這種情況下，專業知識能彌補社會常識的不足與局限，而社會常識則可以抑制專業知識的暴走。兩者互相抗衡，試圖理解陷入困境的人同時附帶的種種複雜情緒。總歸一句，身心關懷才是這種社會常識與專業知識的不斷累積所產生的理解。這種透過各種方式所累積的理解才能夠保證這個需要被關懷的人的個人尊嚴，並為他們在群體中找到他們的位置。這樣做才不會讓他們感到被孤立。

其實，不僅僅是身心的問題，所有的社會問題都是如此。即使是在COVID-19的疫情期間，所有的因應措施，政府有政府想法，專業人士有專業人士的意見，而輿論也有不同的聲音，這些都會產生摩擦。社會常識與專業知識的對抗和衝突導致了混亂。因此，非專業的素人就要讓內心「種下堅強的種子」，專業人士則需要「脫下帽子」。透過這樣的方式，不斷地進行對話和調整，這些都是逐步改善這個複雜且缺少彈性空間的社會所必須的協調。

（摘自《朝日新聞》，二〇二一年七月十日專家觀點專欄）

✝素人與專業人士的不同

在這一章節，我想探討「聽」所具備的力量。想到這裡，我覺得「心靈的救援者培訓計畫」這則新聞就非常引人深思。這是因為，如果透過非專業素人的「聽」和專業人士的「聽」，比較兩者的不同，我們就能清楚看見「聽」的真正力量。

這則新聞同時在社群媒體的心理學群組引起了熱烈討論。這件事讓很多心理師感到緊張，很可能是因為非專業素人即將開始進入諮商的領域，而讓他們感到不安。

因為如果是醫療行為，會受到法律的嚴格監管。

如果非專業的素人隨便就給人開刀或開藥，那一定會遭受逮捕。即使像《怪醫黑傑克》那樣技術高超的醫生，沒有執照也是不能從事醫療行為，這是不變的道理。

但是，諮商並沒有受到法律的規範，**任何人都可以提供諮商**。

當諮商心理師被正式納入國家認證的資格考試時，諮商心理師們都希望心理諮商這項工作自此成為「專屬資格」的職業，也就是只有持有證照的人才能從事心理諮商的工作。但事實上並不可行。

我認為這也是無可奈何的事。

因為一般生活中的諮商與專業心理諮商實在太難區隔了。如果在某個夜晚，剛好你有朋友來找你談心，希望你可以提供建議，卻因此被警察上門逮捕，指控你非法進行心理諮商，那不就太滑稽了嗎！

這麼說感覺真像是科幻小說。不過你還是可以試想一下，如果未來的社會，只有持有證照的專業人士才可以從事諮商，朋友之間的「你聽我說……」全都成了非法行為。最後，一群沒有證照的朋友只能聚集在黑暗的酒吧，提供心理諮商幫忙解惑……這樣的故事聽起來也太有趣了。

好了，我們還是回到正題。

我們來談談心理諮商這樣的事無論誰來做，都不會構成法律問題這件事。

無論是透過函授學校進修一點心理諮商的知識，或是花費五萬日圓參加一個一週四十小時的課程，或是在大學和研究所攻讀了六年的專業課程，之後再考上國家認證的諮商心理師們，他們都可以自稱自己正在從事「心理諮商的工作」。

這樣的模糊不清的定位真的**讓心理學相關的專業人士感到非常反感**。畢竟，「僅僅學了一點皮毛就能進行心理諮商嗎？」或者「如果非專業的素人插手，發生危險該怎麼辦？」這些擔憂是可以理解的。因為身為心理師的我們相當了解身心受創的人，其實內心非常的脆弱且容易失控。

也因此，政府的「心靈的救援者培訓計畫」才會引起許多心理師這麼大的騷動。

但是，話又說回來，在居酒屋找人聊心事和專業心理諮商之間的界線本來就很模糊。畢竟，「與某人談過之後我突然覺得豁然開朗」這一點本來就是人類的本能之一，不能將其限制為專業人士的專屬領域。

話雖如此，一定還是有人會問：「那非專業的素人與專業人士在傾聽的領域到底有什麼不同呢？」

當然會有不同的地方，例如，有一些需要專業知識才能處理的複雜心理問題，都是非常專業的技術，也是非專業的素人較難理解的地方。在這方面，**專業人士的確有其不可替代之處**。

而且，這樣的專業技術，專業人士們也覺得自己了解就好，沒有必要刻意向社會大眾大事宣揚。

但是，當信任你的朋友對你說「我可以跟你談一下嗎？」，然後你對他釋出「怎麼了？發生什麼事了嗎？」的關心，讓他感受到一點關懷，這比強調專業知識的重要性更有意義。

但是反過來，如果大家都因為「我又不是專業人士，我不敢隨便聽別人訴苦」，而不願意聽人說話的話，那也不好。

因為重要，所以我必須一再強調，**「聽」就是一種很正常的一般行為**。

「讓人聽你說話的技術」也是一件再一般不過的事，不是嗎？

例如，在線上會議結束之後，待到最後才走，或在大家面前吃藥，或是一起走到車站等等，這些都是我們一般人可以做的事。有人可能會說：「這樣做也算是聽嗎？」

當然，而且我認為正是這樣一般的舉動才是重要的。

「讓人聽你說話的技術」正是在日常生活之中，一般人際關係之間所創造出來的談話空間。

朋友之間的日常互動、日常交流，彼此互相了解相知相惜。我覺得這是對心理健康最重要的一環。所謂的心理諮商，最終不就是希望達到這樣的境界嗎？

年輕時的我也曾經非常的尖銳，如果有人問我「**只是聽就能治癒了嗎？**」，我會反駁說「當然不是只有聽，其中還會涉及很多的專業工作」。但是，隨著年齡的增長，我的看法改變了。

心靈的照護不就是聽他要說什麼嗎！

這也是日常生活中大家都在做的事。

只有在日常生活中的「聽」無法奏效時，專業人士的角色才需要出現。但是，多數的時候，「聽」這樣的需求透過身邊的人際關係就足以實現。

現在，如果有人再問我：**「只是聽就能治癒了嗎？」**我的回答會是：「你沒想到吧！還真的很有力量呢！」

雖然工作中也會有一些專業的技術，但是所謂的心理諮商，最終還是「聽」這件事。

怎麼說呢？對於像我這樣經過了學校漫長的學習過程，結果告訴我最重要的工作就是「聽」這麼簡單。聽起來實在很悲傷，但這也是沒有辦法的事。

一個人的內心世界你要說複雜也真的非常複雜，但說它簡單其實也蠻簡單的，這點我覺得很有趣。

✝第一次的心理諮商

接下來談談我經歷過的事情。

我在二十二歲那年考上了研究所，也是那一年我開始我的第一次心理諮商工作。作為一個充滿熱忱的研究所學生，我非常勤奮在自己的研究之中。閱讀了許多的書籍和專業論文，可以說是盡己所能地把該有的基本知識都盡量塞進我的腦袋。

然而，當我真正開始面對臨床工作時，我就發現**這些知識毫無作用**。當時的我對於心理諮商竟然如此困難，而感到非常錯愕。

我的第一位個案是一位拒絕上學的男孩。

當時間開始時，就只有我和他單獨在一個房間裡，此時的我完全按照教科書上的標準開場模式，問道：「你今天來主要想聊些什麼？」

結果，男孩只回答我：「沒什麼想聊的！」然後我們就沉默了。

我頓時感到非常的錯亂。心想：「那，你到底來幹嘛？」

如果是現在，我會馬上意識到我的當事人可能是被父母親強迫而來，而自己還存有一點求助的想法；或是對於外人有著強烈的不信任，所以他才會說出「沒什麼想聊的！」這樣的回答。但是，當時的我真的就只是腦中一片空白。

雖然我在面對我的當事人之前，還複習了許多有關拒絕上學的書籍，但就在那一刻，我的所有專業知識居然完全不見了。

心理諮商就是這麼的不可思議。

坐在你面前的就是一個活生生的人，而當面對這樣一個人時，原本應該可以冷靜思考的事，突然變得完全不知所措。人與人之間的壓力居然可以完全把我吞噬了。

我認為，這樣的現象應該不會只發生在心理諮商，而是**人與人之間的關係本身就具有的神奇魔力**。當我們涉入一段人際關係時，我們的理智就開始走向不同的運作模式。

例如，有句日本俚語：「夫妻吵架這種事，連狗都懶得理他們。」也就是說，無論你如何鑽研「聽人說話的技術」，一旦爭吵開始，所有的專業都會失去作用。

完全不知所措呀！當時的我真的不知道如何面對我的第一個當事人，我的第一次心理諮商就這麼草草結束了。

那位少年的一句「沒什麼想聊的！」真的給我很大的震撼。他特意來接受心理諮商，一句「沒什麼想聊的！」，其實是非常真實地展現出他的個性和當時的心情。

也就是因為這樣，我頓時也不知如何表達。被他這種強烈的情感所震撼，而感到錯亂。

對方真正發自內心的言語，還真的能撼動我們的內心。

✝兩種類型的「了解」

「了解」有兩種。

一種是我們將所要傳達的知識轉達給了對方，而對方也心領神會地選擇了「了解」模式，這也就是我們一般社會常識常說的「知道了」。

這種「了解」非常重要。例如，擁有各種疾病的專業知識，並且根據這些專業知識來評估當事人的狀況，對於諮商心理師而言是不可或缺的工作。

但是，「了解」不僅僅是這樣。還有另一種。

不是經由外在條件來判斷，而是由內在「了解」對方**到底生活在什麼樣的世界**。

這樣的了解對當時的我來說，非常的困難，現在或許還是不太容易。因為我很難了解對方眼裡所見的世界是一個什麼樣的世界。

自己是否真的可以由當事人的內心了解對方到底發生了什麼事，更何況也沒有確切的事證可以佐證，不是嗎？

自己所想的說不定只是自以為是的想法。即使查遍所有專業知識，也可能找不到正確的答案。

當我聽到「沒什麼想聊的！」時，當時的我就是拼命地想解讀我的當事人的內心世界。

「應該是很不想來做心理諮商吧？」

「還是他不知道怎麼表達自己內心的感受？」

「他該不會是在挑釁我，觀察我的反應？」

各種各樣的猜測不斷地在我的腦海中閃過，但我不確定哪一個才是正確的。結果，我的心情一下就凍結了，腦中一片空白。

而經過了差不多二十年後的今日，我當然已經知道該如何回應我的當事人。也就是應該開門見山地問對方。

詢問之後，所要的也不是「是」或「不是」這樣的答案。因為即使你再問了其他的問題，他的回答可能還是：「沒什麼想說的！」

當然不是立刻就要他的答案，而是透過這樣的問答，慢慢建立起兩人之間的關係，再決定應該以什麼樣的方式進行諮商。

例如，可以試著問：**「是不是不知道如何表達自己內心的感受?」**看看他的反應。問話之間，可能會讓氣氛變得更嚴肅，也可能會讓他稍微感到放鬆。同樣的，他的反應也可能讓我感到更加緊張，也可能讓我覺得可以稍微鬆一口氣。就在這樣不斷答問的過程就可以幫助我確認「啊，不對！」或「就是這樣！」。

不知道的時候，就問。聽聽對方說些什麼。

總而言之，即使不了解，也一定要維持住你和對方的關係。

能夠做到這一點，才能說自己是一個真正的諮商心理師。而為了達到這樣的階段，還必須同時不斷地淬鍊自己的理智和情感，的確還蠻不容易的。

✝隨著年齡的增長才能明白的事

如果是在我年輕的時候聽到這句話，我應該會很生氣。但對於現在的我，則是非常的認同這句話。年齡的增長對於心理師而言，的確是個優勢。

心理師的培訓通常開始於二十出頭歲，那個時候，自己對自己幾乎可以說是談不上了解。

應該很多年輕人都是這樣吧。**二十出頭歲，不知人生是何物的年齡**。

特別是不知道自己為何陷入痛苦、不知自己為何會痛苦、有時甚至無意識之中已經陷入痛苦而不自知。

之所以沒有意識，通常是這些痛苦早已是自己生活的一部分，所以無感。從小就經歷這樣的痛苦，早已習以為常，不會特別察覺是痛苦。

就像曾經有一位當事人這麼跟我說：「不是大家都是這樣的嗎？」然後告訴我一些根本不一般的過去。

我想每個人大概也都是如此。每個人都有屬於自己獨特的過去，但是卻不容易意識到我們每個人的過去都是獨一無二的，那是因為我們不了解其他人的人生。

然而，隨著年齡的增長，我們遇到各種生活方式的人，拓寬了對世界的見識，會發現自己一直以來所認為的「平常」，其實往往並不平常。會開始明白自己曾經所處的不平常，然後恍然大悟，原來我曾經的過去是如此的殘酷。

這就是**年齡增長的好處**。

隨著時間的推移，我們變得更容易理解別人。因為自己的痛苦經歷，也更容易想像別人的痛苦。

例如，經歷過離婚的人，比較能夠了解面臨婚姻危機所帶來的痛苦。雖然不是所有的情況都一樣，但是，至少比起從前擁有更多的感觸。

人生的經驗很重要，這已經是老生常談。

年輕時候，聽到前輩們這樣的話，總覺得是因為自己太年輕、沒有經驗，他們才會這麼說，而我也總是帶著反感的語氣回應道：「專業知識該不會還包括人生經驗吧！」想想那時的我實在是太膚淺了。

無論如何，人的心就是這樣。即使無法擁有完全相同的經歷，自己曾經的過去一定也是可以推己及人，想像他人正在經歷的艱辛。

✝你真的好辛苦呀！

人與人之間的相互了解，在本質上並不是像專業人士那樣是經由專業知識來了解當事人的情況。而是像日常生活之中，好友之間會給對方打氣，安慰對方「你真的好辛苦！」這樣的情感交流。

所以當朋友之間無法自然地說出「你真的好辛苦！」這樣的話時，那就是專業知識應該發揮作用的時候。但是，基本上最重要的還是那句「你真的好辛苦！」。

我想即便是專業人士也會認同我的看法。

日本精神科權威中井久夫，在自己的書中就曾寫道，最容易成為精神科醫生的人往往是曾經陷入精神上的困境，或者周圍有人曾經遭受過這個疾病折磨的人（《治療文化論》〔原書名『治療文化論：精神医学的再構築の試み』，一九九〇年，岩波書店〕）。

我覺得心理師應該也是這樣，還有所有心理健康照護的從業人員大概也都是如此。因為自己或是周遭的人曾經歷過這樣的痛苦，所以現在從事幫助他人脫離痛苦的工作。

據說古代的巫師或薩滿也有很多這樣的例子。在治癒自己痛苦的過程中，最終也成為了治癒別人的人（關於這一點，可以參考稍後提到的《鄉下的醫師笑了》〔原書名

『野の医者は笑う』」一書）。

這大概是遠古以來從事**人類心理照護工作的一個基本特點吧**。

但是，如果想要真正做好照護他人的工作，則自己一定要先跳脫這樣的痛苦。

如果自己還身陷於這樣的困境之中的話，就很難理解他人的狀態。

就像當你感覺自己所在的地方在搖晃時，你會不知道是站在另一端的那個人在搖，還是真的自己站的地方在搖。只有自己確定自己所在的地方沒有搖晃時，才能清楚知道原來是對方在搖。

因此，我認為首先應該要先照顧好自己，等到自己的狀況穩定之後，再去照顧別人才是安全的做法。畢竟，擁有成功擺脫困境的經驗，才能幫助處於類似困境的他人。

社會上有各種類似的互助團體。例如，酒精成癮症的**互助團體**，就是擁有同樣困擾的人所組成，聚在一起相互鼓勵、相互幫助。

在這些團體之中，較早脫離困境的人就會成為新來成員的榜樣。後到者看到前面的人的成功經驗，對未來也會充滿希望。

一個人在陷於困境時，時間所帶來的希望就是一種強大的支撐力量。

仔細想想，這不就是我們在居酒屋和朋友聊天的景象嗎！許多人生的不幸與失敗的故事，就在與朋友的分享之間，同時得到了紓解。

像這樣**說說自己的故事，也聽聽別人的故事，就是我們每日生活中，內心的一大支柱**。

✝社會常識的沒落

話雖如此，你可能有過這樣的經驗，聽了太多前面的人的豐功偉業反而感到厭倦。

或者，你是否也曾經分享了太多自己的豐功偉業，而讓別人感到厭煩？

聽起來還蠻令人傷感的。

但是，也不能勉強。

「我也曾經像你一樣這麼痛苦過，那時的我每天就是沒日沒夜地拼命工作，還不是走過來了」，像是白頭宮女話當年這樣的言論，要讓不喜歡聽那些「當年勇」的我們接受，還真的有點困難。

要知道日本昭和時代（一九三〇～八〇年代）的社會常識與令和時代（二〇一九年～）的社會常識已經有了巨大的改變。

我們再來回顧一下，之前我們曾經說過的「社會常識」指的是，在我們共同生活的這塊土地上，我們知道人生會有的酸甜苦辣和擁有共通的人情義理。

然而今天，**「社會常識」卻是非常的多元**。

即使是同一家公司的前輩和後輩，他們所經歷的世界也可能完全不同。看似處於相同的環境，實際上所面對的問題卻完全不一樣。

所以，當身為前輩的人自以為深知社會常識，進而想傳授自己的寶貴經驗，但是對後輩而言，可能就會認為只是想吹噓或說教罷了。

這就是所謂的「時代不一樣了」。

但是這也不代表「社會常識」的力量已經消失了。對於生活在相同社會環境的我們，**前輩們的故事往往才是最可靠的**。

例如，在我決定開設一間賴以為生的心理諮商工作室時，當時已經在東京開業的諮商心理師前輩就給了我許多在社會常識上的幫助。

我學到了許多教科書上沒有而且是開業必要的實用知識。例如，如何透過設計網站來行銷工作室、當有人推薦我的工作室，我應該做什麼樣的回覆來贏得客戶的信任、還有定期舉辦內部研討會或參加聚會等等。對我來說，這些都是與工作室的運作息息相關的重要資訊。

這些受用的知識，是因為我的學長和我一直都是生活在相似的環境。就像上同一所國中、高中的學長姊和學弟妹，在選擇學校社團時，學長姊絕對可以給學弟妹很好的建議。

當生活中更多的生活細節是彼此的共同經驗時，此時的「社會常識」才能發揮強大的力量。

✝分享的連結

延續之前的話題，最近的互助團體不僅僅對成癮症有效，現在的應用範圍已經擴展到有各種困境的團體。例如，西井開在他的《「不屬於受歡迎之列」的男性學》（原書

名『「非モテ」からはじめる男性学』，二〇二一年，集英社）一書中提及，最近甚至出現了針對不受歡迎的男性的互助團體。

這是因為現在的社會已經過於碎片化了。

如果是在從前，這樣的人根本無需特意創建自己的互助團體，也能夠與擁有相同社會常識、生活經驗的朋友建立起一定的關係。

當然，如果只是少數人，相對的要能分享同族群的社會常識的確是有點困難，但如果是在以前，公司的同事或是前後輩之間，很容易就可以彼此分享他們的社會常識了。

但是，現在的社會卻是過於破碎，就像碎掉的玻璃，碎片四散。

所以，當我們接觸到別人的生活經驗時，會像手指被割傷了一樣，感到刺痛。難免會產生「他們真的好輕鬆，完全不了解我的痛苦」這樣的想法。

正因為如此，我們需要的是面對相同困境，並可以分享的朋友。我們面臨同樣的生活環境、為同樣的問題所困擾，我認為建立起這樣的互助關係的團體真的非常重要。

關於這一點，我在我的**《什麼都找得到的夜晚，只是找不到我的心》**（中譯本大田出版）一書中，就將這樣的關係稱為「分享的連結關係」。透過彼此的分享所建立起的連結關係，擁有難以言喻的力量。

無論怎麼看，現今的社會常識已非常的微弱，已經碎片化了。我們現在就是生活在一個分裂的社會，彼此之間變得陌生。為了填補這樣的裂縫，那就得靠專業知識的修補。

無法以自己的社會常識來理解的事物，專業知識就可以提供我們名稱和知識。例如，專業知識可以提供疾病的名稱並且告訴我們治療照護的方法。

†人際關係的力量

這裡要再介紹一下醫療人類學泰斗凱博文（Arthur Kleinman）的健康照顧系統理論（Health Care System）。

凱博文指出，在每個地區，都會有一套照護自己族群健康的系統，一般可以分為專業部門（Professional Sector）、民俗部門（Folk Sector）和日常部門（Popular Sector）三個類別。這些領域各為互補，共同照顧著我們的身心健康。

以下就讓我們慢慢說明。

首先我們先談何謂專業部門，它指的是醫生、護士，或是諮商心理師等等也算，也就是通過國家資格考試的專業人士。

在現代的社會，我們所謂的治療一定是以科學為基礎並由專業人士所提供的醫療行為。但在古代的日本，像是漢方也是屬於專業醫療的一種，而遠古的印度，阿育吠陀則是屬於官方的醫療行為。

相對的，所謂的民俗部門則是指不需要國家資格考試的專業人士。

以現代的日本社會而言，例如芳香治療師、算命師和靈媒宮廟就是屬於民俗部門。而專業部門和民俗部門之間的界線，通常會隨著時代和社會的變遷而有所變化。

我曾經寫過一本書《鄉下的醫師笑了》，書中針對沖繩的巫師（shaman，類似台灣的乩童）、靈性關懷治療師，和諮商心理師做了比較，分析了民俗部門和專業部門的治療者之間的異同。

有興趣的人，請自行參閱。

現在我們要談最重要的日常部門。

這裡指的是由非專業人士所提供的照護。譬如，朋友、同事、老師、上司，甚至家人所提供的各種照護，而我們自己當然也可以自我照護。這些都是屬於日常部門。

有趣的是，這三個類型之間的關係，如圖所示。

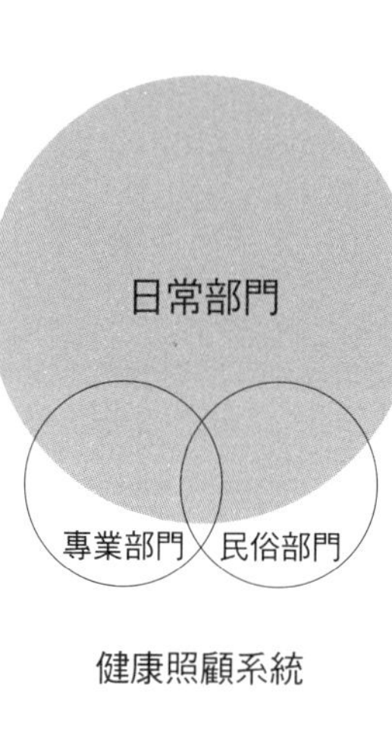

健康照顧系統

和專業部門和民俗部門相比，日常部門的規模大得多。也就是說，我們的日常生活中，有很大一部分的照護都是由日常部門所提供。

例如，以感冒為例，我們通常不會馬上去看醫生，首先會早點睡覺，吃些有營養的食物，**試著自我治療**。

這個時候，家裡的家事可能就會有家人幫忙，或者同事會說「你的工作我來處理，你就好好休息」。

在你所處的周遭所建立起的人際關係，首先就能提供你一些日常的照護，而且大部分在這樣的情況下，問題就能順利解決。

而什麼時候才會輪到專業部門和民俗部門出場呢？通常會是在日常部門的照護再怎麼努力都無法解決時才會出現。

不僅如此，事實上，日常部門比起專業部門實在要重要得多。

因為即使去看了醫生或諮商心理師，回到家後，家人還是會與你討論就診內容，你們之間可能也會產生以下的對話：「那位諮商心理師怎麼樣？」、「嗯，感覺好像沒有那麼適合」、「那我們要不要再找找其他的地方？」等等話題。結果實際的狀況終究呈現出日常部門才是整個治療方案的最終部分，**日常部門才是照護的主角**。這一點，在成為專業人員之後，常常容易忘記。

讀者的你覺得如何呢？你可以試著回想自己過去的生活，日常部門的照護是否無處不在？

家人和朋友們在我們需要的時候照顧我們，同樣的，我們也照顧他們。心理照護的基本方法，就是這種日常之中人際關係的互動。

✝社會常識與專業知識的關係

日常部門的照護之所以能產生作用，最主要還是來自社會常識中的人情世故。事實上，許多日常生活的心理健康問題都是依靠這樣的社會常識來解決。

我們試想一下學校的情況，可能就比較容易了解，學生當中的許多大大小小的事，真正需要動用到學校的輔導老師來處理的個案，其實都是極少數。

我們知道，每個孩子都有他們會面臨的各種壓力和困境，但大部分孩子的問題在班級老師那裡就能獲得解決。除此之外，還有家庭、朋友，甚至孩子自己也會有處理壓力的能力。

例如，看到孩子看起來很累時，會讓孩子多休息，或是發現孩子的情況與往常不同時，也會想能幫他做些什麼，**這樣的社會常識就可以解決許多心理健康的問題**。

通常需要學校輔導老師的情況，大多都是孩子的問題連世俗的社會常識也無法理解的時候。孩子的朋友不再和他往來、家裡的人也莫可奈何、班級老師也感到束手無策。

如此一來，孩子就會陷入孤立。

這時，這樣不被社會常識所理解的孩子，會因此被群體所排擠，因為周遭的人也不知道如何與他互動。在這個時候就是學校輔導老師應該出場的時候了。

專業知識就是在世俗的社會常識無法發揮作用時，需要派上用場。

例如，如果專家說「這個孩子可能是憂鬱症喔」，因為孩子總是對周圍的人感到不安，我們心裡也會想「為什麼這個孩子總是那麼焦躁？」，當專家這麼說並且解釋了孩子的狀況，當下，周圍的人才能意識到「原來孩子的那種行為，其實就是一種求救」，接著周圍的人就能再度重啟對他的照護之心。

同樣地，如果你聽到專家說「這個孩子有發展障礙的傾向」時，原本還對這個行為怪異而且完全無視於周圍異樣眼光的孩子，感到十分困擾，聽到專家這麼一說後，此時的你應該就能了解這個孩子的行為並無其他惡意。如此一來，周圍的人也能開始適當的關懷。

所以，學校輔導老師的工作，本質上就是重新啟動班級和家庭所失去的照護。

職場的心理諮商師也是如此，他們的工作就是提供建議，幫助公司的同事之間和上司之間都能有更好的心理照護。

所謂的專業人士，主要也是為了能夠**幫助一般的個人互相照護**而存在。

但是，專業知識也有弱點。

如果「因為憂鬱症」或「因為發展障礙」這樣的字眼，就把事情都推給專家來處理，這樣做只會使深陷困境的當事人變得更孤立。

所以，**專業知識也需要更圓融，善加利用世俗的社會常識**。

就像日系飲料的可爾必思一樣。專業知識就像可爾必思的濃縮原液，如果直接飲用可能造成身體的傷害。但是，如果加以稀釋則會變成美味無比的飲料。嗯～，這個比喻會不會太抽象了？

†重新開啟照護之心

臨床心理學和精神醫學的專業知識，我個人認為兩者的本質應該都是源自於變態心理學和精神病理學。這些都是一些較為艱深的專有名詞，但基本上指的就是關於極端行為的偏差或是功能失調的心理狀態等的相關知識。

例如，如果有人在路邊非常大聲地咆哮，路過的旁人可能會覺得「這人好可怕喔」或者「有必要這麼生氣嗎」。

但是，真實的情況很可能是因為**當事人的恐懼**。當一個人無法面對自己內心的恐懼時，很常會想要用怒吼來消除這樣的恐懼情緒，也讓周圍的人感受到同樣的害怕。

而針對這樣偏離常軌的心理狀態所進行的研究，便是所謂的「變態心理學」及「精神病理學」。這也是心理專家們主要賴以維生的專業領域。

對於一般正常人的心理狀態，大部分的人大多都能掌握。清楚自己內心的變化，對於身邊人的心理狀況也多能有所了解。也就是說，日常生活中每個人都是彼此內心世界的專家。

但是，一旦內心世界有了變化，偏離了正常軌道，不再是自己所能理解的狀態，彼此之間的相處就會變得困難。這時，便是諮商心理師應該登場的時候了。

從這層意義來說，向患者家屬解釋病情是我們諮商心理師非常重要的工作。如果我們告訴家屬「病人容易生氣是因為他感到恐懼」，「沒錯，有時候我們跟他說話時，他常會突然暴怒」，家屬也會開始回想當事人的種種怪異行為，也才能開始以不同的視角看待他的家人。

如此一來，家屬才能再度開啟他們的照護之心。家人會開始思考應如何避免讓當事人感到害怕，盡量給予體諒，這樣的結果也會慢慢減少當事人發脾氣的現象。

在這個過程之中，諮商心理師的我們所擔任的角色就是**翻譯**。當正常和異常心理狀態之間無法以正常的言語交談時，搭起兩者之間的橋梁。

✝諮商心理師的工作就是翻譯

提到心理諮商，不知道你是否也會浮現一種刻板印象，認為諮商心理師一定有某種特殊的傾聽方法用以療癒當事人的內心世界？事實上並沒有。

可以讓當事人的身心恢復健康的，大多數都是當事人**身邊的親人朋友**。當一個人所說的話不再為周遭的人所理解時，身邊的人如果能試圖慢慢了解並給予適當的關心，聽聽他們說的話，他們的內心世界就會逐漸產生安心感，重新建立起他們的人際關係。

諮商心理師的工作就是翻譯。

把當事人想說的話翻譯給他的家屬了解，或者翻譯當事人處於異常心理狀態時所說的話，轉換成當事人在正常心理狀態下真正希望表達的想法。

同時也將當事人內心真正的想法正確地重述給當事人自己，讓他也能確實地向周遭的人表達自己的狀況。

我個人覺得這是一個很重要的觀點，所以我再舉一個曾經刊載在「社會季評」的例子。

假如你的一個同事離婚了，剛開始大家一定都會擔心他的狀況。因此，同事之間應該都會盡量地給予關心和體諒。

但是，這樣的關心通常不會持續太久。一旦「急性反應期」過後，大家就會逐漸淡忘他的離婚，又回到正常的上班生活。

然而，當事人的憂鬱可能就在大家回歸正常生活之後才真正開始。當工作陷入緊急情況時，他可能會表現出異常的興奮，而面對困難時，卻又非常的煩躁。事過之後，曾經持續很長時間的憂鬱又會捲土重來。在這之後，他會變得更加鬱鬱寡歡、焦躁不安，與周遭人的相處也越來越困難。

給同事帶來了許多困擾的同時，大家對他的行為很可能也只會說：「他為什麼老是那麼煩躁？」或者「他本來就不好相處呀」這樣的話語，對他一點都不想再有更多的了解。

如果此時，有個可以翻譯他的心理狀態的人，對他當然就會有很大的幫助。

如果這個翻譯的人可以很明確地告訴大家，其實煩躁的背後就是憂鬱，工作的緊急會令他興奮，事過之後憂鬱症就會再度捲土重來。周遭的人有了這樣的解說，也才可能重拾對當事人的關心，再度試著理解：「是呀！離婚給他的打擊太大了。」

這時，社會常識又可以重新開始啟動，對人的關懷也會重新恢復。

理解具有激發人世間「愛」的力量。

當我們意識到「啊！原來他那麼痛苦！」、或是「這麼說來，他真的很辛苦ㄟ」的那一瞬間，我們就能對當事人表達更多的關心。與其告訴自己說「我一定要對他好一點」，不如對當事人有多一點的理解，這樣才能達到真正的關懷效果。

只有透過關懷，人才能改變和康復。

或許有時候斥責也可能讓當事人康復，但前提是斥責的背後還是必須懷抱著滿滿的愛才可能發生。不然，斥責所帶來的往往是憎恨，而不是愛。

人的內心情感就是這樣啊！

✝診斷病名的力量

關於診斷病名這件事，一向都有正反兩極的看法。

有些人認為「不要把所有的過錯都怪罪於生病」，主張應該靠意志力去克服困境，這樣的觀點或許有些極端；但是，對於將人生所有的問題都看作是醫療問題的「醫療化」現象的種種弊端而加以批判，似乎也有其道理。

例如，如果把父母過世後的精神不振、情緒低落，也稱為「憂鬱症」，並將其視為醫療問題的話，就可能會讓當事人喪失分享自己悲傷情緒的機會，這樣一來，可能反而適得其反。

不過，我自己認為診斷病名也有很多積極的作用。有些人可能會感嘆「即便我知道自己生病了，但好像也改變不了什麼」。其實，事實並非如此。**被診斷的病名其實具有極大的改變環境的力量**。

例如，有個早上總是賴床的孩子，上學總是遲到，周圍的人可能因此指責他「晚上都不早一點睡覺」、「生活習慣不好」或「懶惰」。

結果，有一天這個孩子被診斷出「起立性調節障礙」的疾病，此時周圍的環境可能就此發生了改變。因為當大家把這種早上起不來的狀況視為「疾病」時，學校和家庭會開始提供必要的協助和關懷，而不是僅僅鼓勵他「加油！」。

同樣的道理，公司裡的某位同事，工作老是出錯、缺乏專注力，人際關係上也不斷地與人發生摩擦，此時如果這個人被診斷出了「憂鬱症」，公司就有義務調整他的工作、或協助他辦理病假進行長期的休養。周圍的人也會開始關心他，給予各種的幫助。

社會學有一個**「病人角色」**的概念。當有人被認定為「病人」時，這個人就會從日常生活的角色被抽離，凡事以恢復健康為優先。

你是否還記得，小時候感冒，體溫如果超過三十七度，就可以請假不去學校，還可以在家任意地看電視，果汁要喝多少就喝多少，完全不受限制。

我們家就有這樣的不成文規定，所以小時候的我經常裝病來享受這樣的特權。站在社會學的角度來看，真是一個正確的不成文規定。

如果這個社會，不需要醫生診斷的病名來證明，就能得到「病人角色」的待遇，那該有多好。所以，能在沒有醫生診斷書的情況下，別人也能對你說：「你身體這麼不舒服，還是要好好休息，」這樣是再好不過的了。

然而，現代的社會，人與人之間的距離過於遙遠，盡量不介入他人的生活成為一種美德，所以要別人意識到「病人角色」，往往還是需要醫生的診斷證明。

診斷病名原本應當屬於個人的隱私問題，而現在卻必須轉化為醫療問題，勢必也會改寫不一樣的故事。

也就是說，我們會由從前惡意的道德批判「他真的很懶惰ㄟ」，轉變為「他生病了，所以工作上有點吃力」，這樣的醫學言論。

如此一來，對當事人所說的話，也會由「**你應該努力一點吧！**」變成「**一定要多保重！**」。這樣的轉變對當事人而言，幫助實在太大了。

所謂的道德，我認為應該是在當事人的身心都處於良好的狀態之下，才能對其有所批判。所做的事是否正確，也只有在健康的狀態才能煩惱與判斷。當身心不健康時，當事人光是眼前的事就已經會耗掉他所有的精力了。

所以，當一個人在陷入困境時，常常會有許多令人不悅的舉止言行，這也是無可奈何的事。

在這個時候，**我們需要的真的不是強大的意志力，而是能夠幫我們開具診斷證明的醫生**。

†當個傻瓜

從上述的意義來看，專業知識的確可以發揮它的功效。

但是，專業知識的輔導應該放在社會常識、人情義理的關懷照護之後，經過了專業的輔導之後，最重要的還是必須回到社會常識的關懷。

世俗的一般常識無法讓我們了解一個人的行為時，專業人士的判斷告訴我們：「這是憂鬱症喔！」此時的我們接收到了這樣的訊息，周遭的人也會開始重新整理整個故事的來龍去脈，重啟對當事人的社會常識的關懷：「啊～，看起來還滿正常的呀！原來離婚之後，他這麼痛苦！」這個時候，所謂的專業知識便能發揮它的功效。

不過，所謂的專業人士也有暴走的時候。

尤其是當這位專業人士剛結束他的專業學程，開始投入職場的時候。

我自己也有過這樣的經歷，課堂上學到了「憂鬱症」、「發展遲緩」或「心理創傷」等新的名詞，很容易就會把所有事情都往這方面解釋。

也越來越想用心理學的術語來談論各種事情，朋友之間的聚會於是開始會出現類似「你剛剛的發言就是投射認同吧」或者「那傢伙真是個自戀狂」這樣的發言。

完全樂在其中，感覺自己已經可以完全了解這個世界，沉浸在一種無所不能的感覺中。

我想應該有很多臨床專家也會認同我這樣的看法。**當我們研讀了許多專業知識之後，會有一段時間成為一個擁有專業的傻瓜。**

之後，才會從這樣的專業知識狂熱中慢慢醒過來，這也是成為真正的專業人士的一段必經過程。

直到有一天，我們意識到專業知識也會帶來傷害，深深了解當事人不應當只是生活在諮商室或醫院裡，而是必須走入社會生活。到了那個時候，專業知識才能真正成為我們自由運用的知識。

想要成為一位專家，**基本上一定要先讓自己學會當傻瓜**。也就是我們常說的，專業知識就是用簡單的軸線切開複雜的世界。日本有一句諺語「不管是傻瓜或是剪刀，端看人怎麼使用」，就是完美表達了這種「切」的感覺。

因此，當社會常識過於混亂時，就可以用你的專業知識輕輕地切入核心，之後再著手處理問題，才是較為安全的做法。

✝社會常識的本質

社會常識的本質究竟是什麼呢？

「一般」這個詞，對現代的人來說好像並不是一個很好的詞，但卻是代表我們生活中大家普遍擁有的共識。

例如，有人會說「一般這種情況，我心情一定會跌到谷底」或「一般這種情況，我一定沒辦法再去學校」等等。當有人跟你說這樣的話時，你是否也會突然驚覺「真的嗎！原來不是因為我太廢，才感到痛苦啊」，這時的我們便是受到了社會常識的鼓勵。

或者，當有人說「一般這種情況，我就不管了」或「一般這種情況，我一定會跟老師說，讓老師來處理」，你是否也會恍然大悟：「原來大家也都是這樣想的！」這時的你就會知道何謂世俗的社會常識。

我們該如何在這個社會中生存，該如何活得自在，能教導我們的就是在某種程度上大家都認同的知識和處世之道，這也就是所謂的「社會常識」。

所以，當事情超出了我們所認知的「一般這種情況」，而且是可怕的狀況時，世俗的社會常識會告訴我們「這也太糟糕了」。或者，我們自己也會盤算「一般這種情況」時，此時的社會常識也會教我們一些實用的「生存智慧」。

這在英語中叫做「Worldly Wisdom」或「Wisdom of the World」，聽起來就覺得非常有智慧，蠻酷的。

而我們卻**經常忘記了這個社會所帶給我們的這個「一般」**。

特別是在生活感到壓力、情緒低落的時候。在心情平靜的狀態下，我們都很能判斷「這個很奇怪喔！」或是斷然拒絕不合理的事情。但是，一旦我們的心境受到了外在的壓力，我們的判斷可能就會陷入「這會不會是一般的狀況呀？是我想太多了嗎？」。

何謂「一般」？完全就是一個無法數字化的抽象名詞，所以很難。

因此，諮商心理師的重要工作也是要很明確的告訴當事人「完全不是一般情況喔！真的很嚴重喔！」或是「一般情況下，一定要有人幫你！」。如此才可以幫助當事人回復那個曾經失落的「一般」，重新找回方向。

但是，所謂的社會常識和「一般」並非是全面性的，而是地域性的，這點非常重要。

也就是說，所謂的**「一般」是複數，不是唯一的單數**。

例如，小學老師有小學老師的「世界」，而美甲師有美甲師的「世界」。要如何自在地生活在不同的「世界」，就要知道不同世界的社會常識。

如果把這些不同「世界」的社會常識混淆了，有時會釀悲慘的。例如，對於我們來說，「一起聚餐喝喝酒，增進彼此的情誼」是我這個中年世代的社會認知，但對於年輕族群而言，很可能就會視為一種騷擾。這就是我所謂的不同「世界」的不同「一般」。

如果想把不同「世界」的「一般」強加在同一個「世界」框架之內，是很容易造成傷害的。這也就是我們今天常會聽到有人對「一般」一詞，常會帶有負面評價的原因。

「一般」可以是毒藥，也可以是良藥。

所謂的「一般」是毒藥，就是當社會的常識遭到排斥或否定時。例如，當周遭的人完全忽略當事人的疲憊狀態，而對他說：「一般來說，這樣的工作還好吧！」

這樣子使用「一般」，完全就是否定了當事人當下的狀態，並試圖改變當事人，這是一種很殘酷的社會常識的使用方式。

相對地，也可以是「良藥」，就是**蘊含了包容和肯定的使用方式**。

例如，「一般如果是這樣的工作，我早就倒下去了」，這時的「一般」就是包容了當事人的疲憊。如果一個人每月加班一百五十個小時，自己卻還不自覺有問題，那麼這時別人口中的這個「一般」，就是肯定，同時也是幫助當事人認清了自己的辛勞。

✝理解可以使外星人變回人類

讓我們整理一下。

使人孤立的「一般」是惡意的「一般」。而與人建立關係的「一般」則是善意的「一般」。

那麼，我們又該如何分辨這兩種「一般」呢？標準又是什麼呢？

看對方是帶著理解還是否定。

當你訴說著你的難處時，如果對方說：「一般不都是這樣嗎！」那就完全無法理解你內心的困境。這樣的一句話，也就切斷了對你的進一步了解，只會讓人更加孤立。

同樣的情況，卻有另一個人對你說：「這完全不是一般情況啊！」此時我們才能夠意識到自己經歷了怎麼樣的困境，或許就能好好地向他人傾訴。這時的「一般」才能夠讓當事人更堅強，讓對方對自己有多一點了解，建立起良好的關係。

理解，才是關鍵。

在諮商的過程中，有時會聽到「光是理解又不能改變什麼」這樣的話。這樣的話跟「就是聽你說話而已，又不能改變什麼」是一樣的，話裡充滿了絕望感。

確實，在被理解的當下，人不可能一下子就發生改變。覺得自己「終於有人理解我了」然後第二天就完全變成一個正常的人，這應該是電視連續劇才會出現的情節，在現實的環境是不可能的。內心的變化**就像小火慢燉**，只會緩緩地、慢慢地發生變化。

例如，一個拒絕上學的孩子，剛開始來諮商的時候，你會覺得他就像一個外星人。周遭的人完全無法理解他為何不去學校，為什麼會這樣痛苦。

所以，周遭的人只能試圖鼓勵他，或者說些重話刺激他，結果，反而使得這個孩子更加受傷。有時甚至說出：「你是不是就是想偷懶吧！」這樣的話一定會讓他更為卻步，更加孤立自己。

開始進行心理諮商之後，我看到了孩子的內心世界，孩子慢慢地被理解。其實他的內心還是想去學校，但是，他很自責自己是一個不去學校的壞小孩，周圍的人一定也是這樣看他。因為諮商，才讓他充滿自責而不知所措的痛苦，慢慢地獲得理解。

當然，即使當下諮商心理師可以理解他的心情，問題也不會瞬間獲得解決。孩子可能因此對自己有多一些的了解，但是，還是不可能馬上停止那種自我責備的心境。然而，諮商心理師就可以將這些訊息轉達給他的父母親和學校的老師。如此一來，大家看他的目光也會慢慢改變。

從前，孩子說：「我肚子好痛！」總覺得孩子就是找藉口，但現在似乎可以因此看到孩子痛苦的內心世界。

還有，孩子前一天整理書包，拼命把書本塞入書包的樣子，也不會再被看作是為了裝腔作勢欺騙父母的行為，而是看到了孩子內心渴望上學的心情。

那個時刻，孩子不再是外星人了，而是一個真正的「人」。那個曾經無法理解的「外星人」，現在看起來已經是個魂魄歸位的「人」了。周遭的人對他也不再只是皺眉，而是能夠開始關心、理解他。

人就在這樣的時間一點一點慢慢地改變。

把對方當作外星人的日子，只會漸漸地傷害這個人；而當作人來關心的時間，才能

慢慢地修復一個人的內心世界。

✝時間的力量

時間真的很不可思議。

有些情況可能會隨著時間的流逝越來越糟。但也有的時候，可能隨著時間的進展，事情會出現轉機。

這樣的分歧就在於，**是否能與他人分享**這些時光。

當一個人處於被孤立狀態時，通常會試圖自行解決困難，結果反而適得其反，很容易讓事態越變越糟。但是，如果我們能與他人建立起好的關係連結，儘管這些連結可能很不易察覺，但還是會有許多小小的關懷大量湧現。

唯有可以與人建立關係的連結，時間才具備治癒的力量。失去了與人建立關係的連結，時間便可能成為可怕的殺手。時間的作用是治癒還是傷害，就取決於是否願意與他人建立起關係的連結。

身為一個臨床心理學專家的我，雖然熟讀各種學派與艱深的理論，但是也有感於每個人內心世界的複雜，我每天都告訴自己，與他人建立起連結關係這樣簡單不過的事，絕對是無比重要的一件事。

再高深的理論，即使是很簡單的道理，也要能好好地活用才會有意義，不是嗎？

讓我們總結一下。

大家都在為我擔心。這樣的關心，多少也能讓當事人慢慢地感到有些依靠。這就是內心世界回復的核心力量。

換句話說：大家都願意聽，當事人也不再害怕讓人聽他說話。這樣的時刻，受傷的內心世界才能開始慢慢復原。

這就是聽的力量所在。

第4章

誰來聽

†負責對話的第三方

一個社會如果處處都在強調對話的重要性，那就意味著這個社會正處於一個難以溝通的對立狀態。

讀者們也可以試著想想，現今的日本社會到底有多少造成意見分歧的對立現象。例如對憲法和歷史的不同認知、育兒津貼、甚至皇族的婚姻、疫情期間應不應該舉辦忘年會等等，諸如此類。社會之中，有太多太多令人焦慮的問題，各種不同立場的人發表了許許多多的言論。

有說要拿出數字說話的、有說要根據事實說話的、還有強調要有邏輯思考和事情緣由等等。但是，這樣的喊話都只有讓雙方更為惱火，完全無法對話。如此一來，雙方都認為必須要更堅決強烈地表達，自己的主張才能讓社會知道，於是開始**比誰說話大聲，比誰的言詞犀利，話裡話外都長滿了刺**。這樣鋒利的言語不僅無法增進彼此的對話，反而加深了雙方的對立。

聽說，連報紙和雜誌對於雙方這樣劍拔弩張的言論也不知該如何平衡報導。因為如果將這些不同立場的言論刊登在同一版面的話，不僅可能引起讀者的憤怒焦躁，新聞媒體所想要傳達的內容也將難以確實傳達。

*

這是表達方式的問題嗎？當然不是，完全是因為「聽」的殘缺不全所導致。正如我們剛才所說的，報紙都無法做到的平衡報導，外界所見的對立、無法溝通，應該就是因為**雙方永遠都在誤解彼此所說的話**。這麼說，或許是站在第三方立場的一種事不關己的揶揄，因為當事人絕對是超級想知道對方說了些什麼。如果真是這樣的話，那到底是發生了什麼事呢？

假設，有一天你遇見了好久不見的一位老朋友，聊起了大家應該找個時間聚一聚。之後這位老朋友就火速地開始聯絡其他人，並且開始討論該選什麼時間舉辦忘年會。但是，此時的你卻開始感到陣陣的不安，擔心忘年會萬一出現了確診者。於是，你婉轉地表達了不必急於現在舉辦的想法。

這時的對方便開始進入了說服模式，侃侃而談當前的疫情狀況，說「現在已經沒關係了啦」。而當下的你可能覺得他太輕忽了，於是你表示「現在還是有風險的」，並且很認真地解釋冠狀病毒**Omicron**變異株的傳染性，明確地表達了你的不安。但是，對方似乎完全不想聽，一味地說「你太過擔心了」，然後語氣也變得越來越焦躁，又列舉了更多的實際例子，並加上一句「經濟循環也很重要呀」。此時的你已開始感到厭煩，心想對方亂七八糟講了一堆，不就是藉機想找人一起喝酒而已，於是話中帶刺的話再也不想隱藏，說出了：「這是人命關天的事，你有好好考慮嗎？」對方自然感到不快，也說：「你是把我當傻子嗎？」

是啊！完全是話不投機的兩造。一方拼命地想解釋，本想好好表達的想法，結果卻是被對方曲解，甚至誤會為另有所指，而你也覺得自己越聽越覺得這個人實在是太奇怪了。

一旦你覺得對方就像個惡魔時，你對他所說的話就再也聽不進去了。此時你可能還會從他的話裡隱隱約約感覺出某種令人討厭的氛圍。如果是這樣的話，**你沒有聽進去的可能不只是他所說的那些話，可能還有圍繞著那個人的某些真實狀況**。他堅持要辦忘年會的背後，可能是他正遭受到職場的霸凌、被孤立而倍感痛苦的狀態，或者，由於疫情隔離政策，因為你是醫療人員家屬而使得你更加擔心，如果這些情況都能清楚地互相傳達，又怎麼會變得如此地步呢？或許那些話中帶刺的話，應該也不至於那麼惡意，反而是有種心中有苦說不出的無奈。

然而，一旦雙方陷入了這種激烈的對立，你真的還能考慮到對方的處境嗎？一旦溝通不良，說話變得咄咄逼人，無可避免地彼此看彼此，都覺得對方看起來就像惡魔。

沒錯，正是如此。因此，我認為，從一開始就應該有一位可以「聽」雙方說話的第三方。對話絕對不是只是兩個人之間的事，需要一位第三方可以好好地聽聽彼此話裡話外所隱含的真實狀況，甚至於對方也可以再邀請一位第四方。這就是「聽」的祕笈。想要好好地聽人說話，首先要有人可以好好地聽你說話。

當你覺得你所說的話都沒人要聽的時候，你可能會覺得你所處的社會就是一個充滿敵意的危險地方。如此一來，自然而然每個人看起來都像是魔鬼。但是，此時如果有誰願意聽一聽你想說些什麼，或許你就會開始相信這個世界上**還是有**可以理解你的人。這樣的信任感能讓你覺得這個看起來像魔鬼的人，可能還存有一些人性的善意。於是「聽」的能力又可以重新啟動。

*

這樣想來，對於對立的言論還能夠居中報導的地方，還真的蠻有價值的。因為絕對對立的兩造居然可以讓第三方切入，讓雙方各抒己見。當然，第三方也不一定都是善意的第三方。他們當中也會有人只是想居高臨下觀看事情的發展，發表高論而已。也有想要假裝中立，卻是西瓜偎大邊偏袒較強勢的一邊。當然，也會有些第三方願意在旁觀察，仔細聽聽那些因為某些因素而對立的當事人們到底要說什麼。

無論是居高臨下的旁觀者，還是中立的立場，都不如這種**站在旁邊的第三方**。沒有這樣的支持力量，對話還是無法進行。往往都是因為有善意的第三方存在，對立的狀況才會出現轉機。也許這聽起來像是我這種從事人際援助相關職業的人所抱持的理想理論。但是，社會本來不就是一個當事人與第三方之間產生各種互動的地方嗎？畢竟，所謂的社會就是三個人以上所組成的群體。

（摘自《朝日新聞》，二〇二一年十二月十六日專家觀點專欄）

✝掀起餐桌論戰的話題

來到最後一章，我覺得應該來探討一下「應該讓誰來聽你說話」這個議題。

當我開始在報紙上撰寫專欄時，我就意識到身為一名心理師，想要寫好相關的社會問題的確是一件不容易的事。

一方面是我個人對現今的社會並沒有特別的意見。雖然平常也會和朋友談論這些相關議題，但是，若要以諮商心理師的身分來撰寫這樣的文章，基本上我覺得還是不應該放入太多個人的意見。

當然，也有部分的諮商心理師是非常積極地為社會議題發聲，我也非常能夠理解，對於那些發聲的人而言，他們也覺得為社會發聲也是他們的重要工作。只是，我個人礙於臨床工作的身分，單方面覺得那樣的發言並不適合我。

也就是因為這樣，所以我的工作室，經常會有來自各種不同政治立場的當事人。

例如，上午來訪的當事人可能對日本政府強行舉辦東京奧運，感到無比憤怒。而下午的當事人則是感嘆，如果日本政府取消東京奧運，選手們過去幾年的努力將付諸東流。無論是抱持何種立場，都有他們**真切的理由**。

還有，我想起有一位當事人，他是新自由主義的堅定擁護者。有一次他很熱烈地談論著他覺得民眾應該要多靠自己，不應該老是想依賴政府。儘管我個人認為社會應該要有更多的互助關係，但是，我就是靜靜地聽他說，絕不插話。

談話進行了一會兒後，話題開始轉向了他童年時期的艱困生活，以及他在求助時，卻屢遭拒絕的往事。他說，他生活在一個充滿暴力的家庭，當他鼓起勇氣向學校的老師求助時，老師卻對他說：「家裡的事應該在家裡解決。」

原來「人應該要靠自己」這句話的背後，其實隱藏了他過去曾想依賴他人而被拒絕的痛苦經歷。

政治是什麼？我認為政治是**為了減輕人們生活所遭遇的困難，而推動的一種社會活動**。

因此，每一個政治立場的背後，往往都隱藏著過去生活的困境與創傷，而這些傷痛正是促使他們積極參與政治的原動力。

所以，為了能夠聽到這些背後的故事，精神分析學家佛洛伊德（Sigmund Freud）就主張心理治療師最好不要表明自己的政治立場。他將心理治療師的這種態度稱為「中立性」。

然而，這種中立性在現今社會也不再那麼受到歡迎了。有人還曾經嚴厲批評，認為中立性最終成為了擁護多數一方的保守派。

其實我也很認同這樣的觀點。不表達自己的意見，感覺就像是一種懦弱的逃避行為。

的確還滿令人苦惱的。但是，如果是為了要好好地聽當事人說話，保持中立性還是有其必要。

我們常說，最好不要在餐桌上談論政治還有宗教的話題。

政治是一種要求明確表態是非立場的活動，藉由這樣的表態，才會產生推動社會進步的力量。所以，無論你是支持什麼樣的政治立場，明確表態絕對是身為一個公民很重要的一件事。

但是，如果雙方的**立場不同，餐桌上的氣氛就容易變得很緊張**。因為政治本身就是一個「很挑對象」，非常敏感的話題。

談論喜歡的電影，即使雙方沒有一定的共識，也不會造成什麼問題，但政治議題若是雙方沒有共識，那就會給彼此都帶來很大的壓力。那是一定的呀！那是因為政治會帶給我們目前的生活以及未來的社會很大的影響，是一個與自身息息相關的問題。

這時，中立性的論點之所以能發揮功能，主要是可以好好地聽聽，這些足以引起餐桌上的爭論和彼此強烈爭辯的信念，到底是如何產生的。

其實我並不是想要一個非黑即白的結論，也不是想驗證他們所爭論的背後數據或是邏輯，而是想聽聽這些非黑即白的信念背後所隱藏的傷痛故事，這時一定不能再將自己的意見摻雜進來。

當「說了就會明白」行不通時

雙方無法對話的情況，往往是因為雙方彼此都將對方**妖魔化**。

在這種情況下，不僅僅是對方被視為「惡魔」，就連我們自己也不再是「平常的自己」。

當「惡魔」就在眼前時，我們當然不可能保持冷靜。我們或許會在言語上勇敢地反擊，但從本質上來說，我們卻是正在經歷恐懼。

所以，並不是「說了就會明白」那麼簡單。因為我們似乎可以看到對方話裡所隱藏的惡意、傲慢和愚蠢。言語交流得越多，對對方的憎恨和輕蔑就會越深。

在這種情況下，對方絕對就是敵人，不僅不可能「說了就會明白」，雙方就是要展開「言語的互相攻擊」，根本不可能再對話。

一旦我們把對方當成了惡魔，重要的是過去曾經在我們心中所遭受的**敵人記憶又會再度復活**。過去的陰影又為現在的情境添上一抹灰暗。

這就是所謂的「創傷」。

即使現在回想起來，也會想起許多令人不舒服的情境，那些人又使得那些你曾經歷過的心情再度湧上心頭。人的一生確實難免會遇到那些只能被稱為「敵人」的人。

問題就在於，當心理的「創傷」受到刺激時，眼前的人看起來就跟當初的敵人一樣邪惡。

我覺得像史達林（Joseph Stalin）或是波布（Pol Pot）這樣的**獨裁者**就是這樣的人。

當身邊出現了一個背叛者，創傷隨即就會被喚起，過去被敵人包圍的記憶也隨之浮現。

因此，他們不僅懷疑眼前的叛徒，還會覺得其他人也可能在憎恨自己，彷彿被惡魔包圍，無法放任不管，於是就決定開始進行大清算。

越是清算，就越覺得自己招來了更多人的憎恨，結果就成了一場永無止境的大整肅。

雖然很多人都非常恐懼於史達林的統治，但是，最初先感到恐懼的應該是史達林自己。

在這種情況下，最重要的應該是要找到一個**不是敵人的人**。

即使只能找到一個也可以。因為當你知道有人是站在你這邊時，那種感覺就像黑夜裡看到了即將到來的曙光，情況將開始迎來轉機。雖然天色依舊昏暗，但已經不是之前那種徹底的黑暗了。一旦有人可以理解你的痛苦，你就不再是孤單一個人。

這就是內心世界的不可思議之處。

有了一個可以理解自己的人，接下來就會有第二個、第三個理解你的人會出現。如此一來，即使沒有把所有的敵人全部殲滅，你也會感到自己還有一個可以安身的地方。

或許獨裁者也會希望有人能夠聽他說話。不過，也許正因為他不會這麼想，所以才會成為獨裁者。

†那個「鬼」的故事

敵人這個議題真的非常重要，以下我想再多深入探討。

那些看起來像敵人的人，有時候還真的是一些帶著惡意的人，這些人就是真正的敵人。

或許對方有他們的理由，但絕對不可以和他們往來。就像受到騷擾的情況一樣，真要認真地聽對方解釋，只會讓你的身心更加難以承受。

你能做的就是保持距離，或是向有權介入的人尋求幫助，讓對方離你遠一點。總之就是，跑為上策。其他的事**就等你跑遠了再想**。

以上所說的都是當你遇到真正的敵人時，應有的動作。但是有時候，也可能是我們擔心過度，誤把對方當成了敵人，事實上那個人並不是那麼壞。日本就有這麼一句諺語：「夜裡行走，有時也會把枯萎的芒草看成鬼（類似中文的：疑心生暗鬼）」，也就是說，當我們心中住著一個鬼時，就是普通的芒草也會被我們看成鬼。

判斷一個人，真的是非常困難的一件事。無法判斷時，我覺得最好的方法就是跟周圍的人打聽打聽。

「有這樣一個人，你覺得他是個什麼樣的人呢？」

最好多問幾個人，聽聽他們的意見。如此一來，這個人到底是芒草還是鬼，漸漸你也能夠分辨得出來。

再來，我們說說這時候的「鬼」，到底又是什麼呢？說穿了就是曾經存在你的記憶裡，讓你備受煎熬的人際關係，也就是所謂的心理「創傷」。

例如，如果你的父母是那種無所不管的控制狂，在你的年少時期掌控了你的一切。所以，當你的工作受到上司的指責時，住在你心中的那個「鬼」就又復活了。

這時你突然覺得你的上司好像你的爸媽，這個也要管、那個也要管，以後一定還要管得更多，在你眼裡就是個心懷惡意的上司，於是你的上司就這樣成了你眼前的那個「鬼」。

佛洛伊德將這種現象稱為**「移情作用」**。也就是過去曾經的經歷被重新塑造成了現在的情境。

你現在所討厭的人或是害怕的人，真的就是如你想像的那樣的人嗎？還是你內心中的那個「鬼」的影子？

這是我們在人生的各種情境下經常要面對的難題。

✝讓別人聽聽你想說的話

當我們內心住的那個「鬼」越是猖狂的時候，我們會變得越難與人對話。對方說得越多，我們就越肯定對方就是敵人。

但是，一旦內心中的那個「鬼」變得溫和了，我們就會開始看到我們曾經認為是敵人的另一面。

例如，曾經那個你認為控制慾超強、專橫跋扈的上司，其實可能是個非常隨性的人，就是因為是個老好人，所以才會那麼愛管閒事。這時的你才開始了解到對方的各種面向。

一旦你可以看到對方好的一面，這時，你與你的上司之間或許才能真正開始有一些較有建設性的談話。因為，只有在雙方都能夠理解對方的多面性時，雙方之間才可能會有真正的對話。

如果是這樣，那我們又該如何使那個「鬼」可以變得溫和一些呢？肯定的答案就是：一定要讓人聽聽你說話。

但是，那個人不可以是你的那位上司。因為如果你與他談話的話，可能只會讓你感覺更不舒服。最好的人選是上司除外的第三方。

你可以試著跟你的朋友談論你的上司。而且盡可能地詳談。

例如，除了談論你的上司，還要試著談談你的父母過去是如何控制你。正因為如此，所以對於那些一天到晚想控制人的人，你才會如此厭惡。

只有這樣，找個能夠了解你的人，聽聽你曾經的痛苦，是讓住在內心的那個「鬼」變得溫和的唯一方法。

當有人能夠理解你也有複雜的處境，了解你一直以來的切身之痛，**內心的痛苦有處**

可放時，我們的內心世界才能騰出一些空間。這樣一來，我們便能找到放置自己複雜情感的地方，也才能接納別人的多面性。

在你還處於痛苦之中時，你可能很難接受這樣的機制可以舒緩心中的那個「鬼」。但是，當你的心情穩定下來之後，你或許就能感受得到，真的很不可思議。

†第三方的三種類型

現在的社會環境，我們很容易忘記，讓第三方來聽聽我們的心裡話是多麼重要的一件事。之所以忘記，也可能是因為效果並不是那麼顯而易見。

例如，有一個在職場上經常受到同事排擠而孤立的人，有一天去參加同學會，即使在同學會上有人聽他說了許多他想說的話，但也不表示他在職場上孤立的問題，就可以得到改善。

這是因為聽他說話的人與他的職場毫無關聯，當然不可能幫助他解決現實中的問題。從這層意義上來看，這樣的第三方是沒有力量的。

可是，如果有人聽了他所說的話，說「**這真的太過分了**」、或「**你還真能忍ㄟ**」，這樣對當事人的幫助就很大了。

當自己被孤立時，總是會懷疑是否是因為自己太糟糕了才會這樣，如果這時候有人告訴你，這是職場的問題，還真的能讓自己心情好一些。甚至如果有人可以理解你並沒有做錯，還可能會促使你採取一些行動來改變現有的困境。

「聽」這件事對現實的狀況可能起不了直接的影響，但可以影響你的內心世界。可能是一種間接性的影響，但最終還是可能成為改變現實的力量。

這時候，我們應該要記住所謂的「第三方」有以下三種類型。

第一種是**司法性質的第三方**。可以稱之為「客觀的」第三方。

這樣的第三方會聽你說話，了解情況，然後做出判斷。這樣的人往往會擺出高高在上的姿態，甚至如果站在他身邊，可能還會讓你覺得超不開心的。但是，如果是辦理遺產繼承這類型的問題，他們的存在絕對可以幫助你解決糾紛。

第二種是**仲裁性質的第三方**。

這類型的第三方，特點就是保持中立性。可以在爭執不下的兩造之間，居中協調。

當兩邊當事人無法再用言語溝通時，這位第三方可以幫忙找到雙方可以對話的切入點，或在雙方處於對立狀態時，可以協助完成必要的事務。明顯的例子就是在戰爭時期，中立國所擔任的交換戰俘的功能，就是仲裁性質的第三方。

最後一種是**朋友性質的第三方**。

司法性質的第三方是站在當事人兩端的上方，而仲裁性質的第三方則是站在兩者的中間，朋友性質的第三方則站在當事人的旁邊，也可以說是站在當事人的幕後。也就是說，朋友性質的第三方，就是那個會聽我們說話、遠離爭端的那個人。

的確，這種第三方顯得比較脆弱。司法性質的第三方和仲裁性質的第三方都是可以直接面對現實，也有可能改變現實，而朋友性質的第三方則是間接的。他們處在一個不相關的環境，唯一能做的就是聽我們說話，看起來好像不是太有用。

但是，朋友性質的第三方也有優點。

正因為他們不會直接參與我們的現實環境，朋友才能站在我們這一邊，好好地聽我們說話。他們不必擔心會有任何的火光會落到他們身上，所以可以好好地聽我們說出我們的憤怒與恐懼。只有在這種時候，我們才會說出我們的真心話。

與其有許多意見相同的支持者，能夠擁有一位真心的朋友才是無比的珍貴。

當然，同好夥伴越多，在現實的環境中，的確可以形成一些力量。但是，當你和你的同好夥伴之間的利益不再一致時，你們也可能會變成敵人。而所謂的朋友則是，即使立場不同、想法不同、利益不一致，還是可以互相交流，這才是朋友的可貴之處。

「你雖然有一些奇奇怪怪的糟心事，但是，我覺得你還真是個好人。」

如果有一個人對我說這樣的話，我真的會覺得被治癒了，尤其是在人生遇到困境的時候，更是如此。

從這層意義上看，我說這是一本探討「聽」的書，其實也可以說是一本探討「朋友」的書。

不是家人、不是同好夥伴，而是朋友。

這種朋友性質的第三方會在背後默默地支持你、理解你，會透過不同的方式來表達對你的關心。

†說話有人聽，真的可以改變一個人

我之所以想寫這本書，主要是：「在社會資源有限的情況下，我們該如何才能在大環境下安心生活？」

我們的社會存在著太多嚴重的分歧與利益衝突。如果社會資源充足的話，弱勢團體或許還能各自獲得應有的關照。但事實上，這些對我們現在的社會而言，確實是太困難了。一邊得利，勢必會造成另一邊的匱乏。

所以，社會也因此出現了各種聲音。但是，這些聲音卻始終無法確實被聽見。或許應該要聽見這些聲音的那一端，也有他們自己的問題要解決，因而面對社會這樣的呼籲，在他們聽來就像是威脅。此時，妖魔化的戲碼，便由此而生。

例如，東京奧運的舉辦與否、COVID-19的防疫政策、疫苗的接種等等，每個人都有他們不同的看法。

每個人也都有他們各自認為的道理，但在疫情爆發的時候，每個人所堅持的立場一下子都變得驚慌失措，也沒有多餘的心力去聽聽別人怎麼說。

彼此都在妖魔化對方，自己則是賣力地大聲疾呼，希望社會可以關注自己的發聲。如此一來，社會只會更加分裂，最終也只能靠一些外力來強行壓制。

這應該是**社會資源有限**的一般現象。

仔細想想，其實日本在疫情爆發之前，社會資源的分配，本來就非常缺乏彈性。如果資源分配給了年輕人，就不得不減少高齡者的部分；如果有限的資源回應了鄉下地區的要求，就會陷入都會地區分配削減的問題。

當然高齡者也有高齡者所必須面對的問題，都會地區也有都會地區的困難。如此一來雙方的對立仇恨就只會越來越深。

這種現象並不是只有發生在日本。

還記得川普現象嗎？還有英國的脫歐事件。世界各地無論何處都有嚴重的對立分歧狀況，彼此都在痛訴：「為什麼我說的話都沒有人聽？」

很明顯地，雙方所需要的就是對話。受限於有限的資源，討論、協調，然後找到一個彼此都能接受的折衷辦法，絕對是必要的。

但是，越是對立，**對話就越困難**。

越是陷入彼此嚴重的利益衝突，越是對對方所說的話充耳不聞。說得越多，傷害就越深。對方到底「是敵？是友？」的想法也會不斷地在我們的腦海裡不停交戰，慢慢地終究還是將對方妖魔化了。

當我們發現周遭的人不再聽我們說話時，我們會開始覺得周遭的人看起來都像是自己的敵人。視野越來越狹隘，越來越焦慮，思考也跟著滯礙難行。那是因為孤立侵蝕了我們的內心世界，甚至導致我們做出了傷害自己或傷害別人的行為。

可是，要讓當事人雙方，對於彼此之間的對立問題坐下來好好的對話，又是多麼困難的一件事。

就像許多失和的家庭一樣，很難透過雙方的對話就能解決問題，勉強安排在一起談話，也只會將情況變得更糟。

在這種情況下，最有效的做法莫過於雙方保持適當的距離，同時，給予彼此一些時間。解決問題的方法並不是從對話開始，而是必須先創造一個**可以對話的情境**。

而此時，需要的就是一位可以聽雙方說話的第三方。

在當事人雙方可以開始對話之前，第三方必須認真扮演好專心聆聽雙方說話的角色。雙方當事人也會因為這位第三方的朋友如此認真地聽自己說話，並嘗試了解自己內心真實的感受，才會開始試著去聽聽過去完全不理解自己的對方到底有什麼說詞。

整個過程要能達到可以坐上談判桌這一步是最困難的。因為只有在自己覺得自己所說的話有人聽，而且自己所說的話也受到認可之後，我們才有餘力去聽別人到底要說些什麼。

✝是當事人，也是第三方

那麼，具體來說，我們又該找誰來聽我們說話呢？朋友的第三方又可以是誰呢？這的確是個難題。

如果身邊有值得信賴的朋友，就可以找那個人聽你說話。只是，提到「朋友」，說不定很多人都會覺得很苦惱。

「嗯……他算是我的朋友嗎？到底算不算呢？……」一旦陷入了這樣的思慮，突然會覺得自己好像真的沒有可以稱得上是朋友的朋友。結果，又陷入了找不到人聽你說話的窘境。

記得小時候偶然在公園遇見不認識的小朋友，一起玩了三十分鐘，很快地就成了朋友。但是，成年之後，即使是坐在旁邊一起工作多年的同事，也很難成為朋友，真的很不可思議呀。

或許是我們都把朋友的標準訂得太高了。如果沒辦法確定對方可以像「知心好友」一樣，完全坦誠、絕對不會背叛的話，我們可能很難認定對方是朋友。

但是，所謂「朋友的第三方」重點在於「第三方」。因此，我認為，不論是誰，只要能夠跳脫你和對方之間的問題，並且在你需要幫助時，基本上可以提供友善的幫助，只要你們之間互動關係良好，我認為就可以稱得上是「朋友」。

所以，**任何人都可以是你的朋友**。可以是同事、上司、客戶，甚至是熟識的洗衣店老闆（當然，家人也可以）。可以試著一點一點地透露你迷惘的心情。慢慢累積你訴說心情的經驗，應該會為你帶來新的朋友。

可是，有時候就是想不出到底有誰可以聽自己說話。在這種情況下，即使有人對你說「你應該找人說說話」，你應該也會非常苦惱。

如果是這樣的話，那就去拜託人。

就從你自己開始。

我希望你可以先成為別人的「第三方」，先試著聽聽別人想說的話。因為聽人說話本來就是「聽」這個循環開始的第一步。

我們每個人都是自己人生的當事人。

在我們的人生當中，總是會遇到各式各樣的困難，其中不乏一些不合理的事情。但是，身為當事人的我們，也應該為自己所面臨的處境，盡可能自己決定，為自己奮鬥。

而在這樣的時候，如果有人可以聽聽我們內心的想法，無疑是對我們的一大安慰。縱使無法提供什麼幫助，至少也可以建立起彼此的連結關係，讓我們擺脫孤立的氛圍，從而找到重新思考的能力。

縱然如此，我們也不會總是成為事情的當事人。世界何其之大，世界上與我們毫不相關的事情也多不勝數。

例如，遙遠的歐亞大陸正在爆發戰爭，或者同棟大樓的某一層住戶發生了悲劇事故，我們就是那個單純不相干的第三方，無可作為，只能靜靜地觀察事情的發展。

但是，我們還是可以聽。

或許當下我們會感到內疚，因為當事人說著他們的悲慘遭遇，而我們自己卻是身處於舒適圈。

或許我們會被認為是多管閒事，也可能會被指責「根本什麼都不懂」。我也會不禁反問自己，這樣深入的話題我真的可以聽嗎？

或許吧。但我還是認為，**多管閒事有時也可能帶給別人力量**。

就在那個意想不到的地方，居然還能抓住一條關心的友誼線。在毫不在意的地方，發現原來還有人會關心自己，這樣的發現會讓當事人驚訝，讓當事人覺得在這個世界上，其實還是有朋友一般的人存在。

說的話有人願意聽，緊繃的心情得以放鬆，可以讓當事人的內心世界再度啟動、再度騰出內心的私密空間。

如果你是當事人，就請讓人聽你說說話。如果你是第三方的話，就請主動去聽聽別人的故事。

角色不一樣時，請隨時變換位置。

有時，我們是需要別人聽我們說話的那一邊，有時，我們又是那個聽別人說話的人。說不定有一天當你正在使用「讓人聽你說話的技術」的時候，碰巧發現有人也正在使用「讓人聽你說話的技術」，你也可以對他說聲：「發生什麼事了嗎？」

人與人的關係必須要有「聽人說話」和「讓人聽你說話」的循環，「社會」才可能維持，不是嗎？

遠古以前的社會，大多屬於部落或是村鎮這樣較小規模的生活共同體，每個人都是當事人。一旦這個共同體出現了問題，很可能整個共同體都會遭受牽連而崩潰。

但是，隨著時代的變遷、城市的形成、世界的擴展，人與人之間不再熟識，互不關心的個體開始出現，「社會」的概念也開始逐漸成形。所謂的第三方也因「社會」形成而誕生。

因此，要解決「社會」問題，就必須要有局外人的「第三方」，負責聽的工作。當事人之間不得不在擂台上進行血腥爭鬥，傷害不斷蔓延之際，擂台邊上的「第三方」就要好好地聽聽他們說些什麼。

正因為有這樣「讓人聽你說話」的時候，我們的內心世界才可能回復，才能再次回到擂台上繼續對話。

為了要結束這樣艱難的對話，當事人勢必要找到某個妥協點，而在這個尋找的過程中，需要有個可以了解我們的人。輕輕一句「還是很不甘心吧？」就能讓我們的內心世界頓時得到了慰藉，也才能放下這份不甘心。

✝聽人說話的技術與讓人聽你說話的技術

「你還好嗎？」
「看起來好像不是很好的樣子，有睡好嗎？」
「什麼時候開始感覺不舒服的？」
「發生什麼事了嗎？」

「聽人說話的技術」的本質，本來就是**對於那些曖昧不明、弱弱地使用「讓人聽你說話的技術」的人**主動提出的關心。

善意地問一聲：「發生什麼事了嗎？」關心的對話於是便能展開。說話有人聽，心情可以平復，進一步或許還有機會渡過危機。像這樣，這個曾經的當事人，如果有一天也發現了另一個坐立不安的人時，或許他也會靠近並問一聲：「發生什麼事了嗎？」

或許，有這麼一天，這句話也可能來到你的身邊。

「發生什麼事了嗎？」

當習慣以「第三方」身分關心別人、聽人說話的你，如果有一天你也成了那個惴惴不安的當事人時，同樣地，你也會被人看見，這句話也會忽然而至：「發生什麼事了嗎？」

這就是聽人說話所產生的循環。

「聽人說話的技術」和「讓人聽你說話的技術」是成雙的組合，當然就必須要不斷地循環。

如果沒有這樣的循環，無論我們掌握了多少的「讓人聽你說話的技術」，也不會有人主動來聽我們說話。

我覺得這也正是我們目前的社會所陷入的困境。

請仔細觀察，看看你的周遭，這個社會是不是處處可見內心惶惶不安的人。

還好吧，沒有那麼多人坐立不安呀！

有人因為過度的不安而失控，也有人因為太痛苦而去攻擊別人，這些都是希望「有人聽他說話」的表徵。可能是有太多太多壓抑在心中想說的話沒有人聽，而在等待著可以聽他說話的那個人。

一句「發生什麼事了嗎？」，引發的可能是他背後複雜又冗長的故事，需要花你一些時間慢慢地聽他說。

想要你聽他說的不僅僅是一個非黑即白的結論，還有隱藏在背後的那些**模糊不清的是是非非**。

不，不對呀！

應該是你，你才是那個真正運用了「讓人聽你說話的技術」的人吧！

你拿起了這本書就是一個很好的證明。你是否是因為在「聽」這方面也遇到了一些困難，所以才決定拿起這本書翻翻看吧？

所以，請讓我們從「讓人聽你說話」開始！

只有當我們所說的話有人聽，我們才能聽進別人說話。我們所說的話都沒有人願意聽了，那我們就更不容易聽別人說話了。

必要的時候，我們可以利用我們的肢體語言，表現我們的不安，試著說一聲：「可以聽我說一下嗎？」請務必找個人來聽聽你想說的話。

不，這樣可能還不夠。

當你說出「可以聽我說一下嗎？」這句話時，身邊必須要有會說出「發生什麼事了嗎？」的人，因為如果我們失去了希望，是很難再主動尋求幫助的。

所以，我們最需要的首先應該是「聽」。

……聽人說話的技術……還是……讓人聽你說話的技術……但是……聽人說話的技術……也可以說是……讓人聽你說話的技術……

哇，好像在繞圈圈。

看來，**這本書的重點就到此為止了**。

「聽人說話」或是「讓人聽你說話」，不論從哪一個開始都無所謂，因為「聽」的循環必定會因而開始啟動。我現在不也是在繞圈圈。

這就是**這本書的終極結論**呀！

從哪裡開始都可以。

只要是你覺得可以開始的點就可以開始。

無論是聽別人說話，還是讓別人來聽你說話都可以。

無論從哪一點開始，「聽」都會因此而循環不已。

無論是「不想聽人說話」、「不想讓人聽我說話」這組的惡性循環，或是「聽人說話」、「讓人聽你說話」這組善意的循環，都會循環。就看你選擇哪一組？

我們的社會需要我們跨出那個善意的第一步。非常希望有人因此書而得到幫助。

所以，現在我就將這本書託付給**身為讀者的你**，有了善的開始，也麻煩**你**為這本書添上一個完美的「Happy Ending」。

後記——
聽人說話的技術與讓人聽你說話的技術　本質篇

我年輕的時候，一直覺得諮商心理師其實就是個魔法師。可以幫人解夢、可以聽出那個隱藏在潛意識深處的聲音、可以看到對方的內心世界不易被發覺的事物，讓我覺得非常的不可思議。

當然，這麼說並不表示這是什麼神奇的工作。我們也會問對方現在還有多少存款、幫客戶的公司填寫溫暖禮貌的意見表，或者在APP找些此生一定要做的 **To Do List**（人生清單）等等。

心理諮商所做的不過就是，樸實、真實且現實的工作而已。這不是理所當然的嗎？因為會來諮商的當事人，通常面對的痛苦多半是已經陷入了嚴酷、艱難且毫無掩飾的現實環境。如果諮商心理師不懂得社會現實與人間冷暖，就麻煩了。

儘管如此，直到現在，我還是覺得有一件事還蠻神奇的。

那就是**「聽的力量」**。

當處於困境時，是多麼希望有誰可以聽聽我說話。當不安的情緒不斷地吞噬自己，內心感到絕望、混亂時，又是多麼希望有誰可以了解自己、心疼自己。

是的！就是「聽」這樣一件小事，就能帶給對方力量。儘管現實不會有任何改變，但不安的情緒減輕了，思考的能力也能回來。

這一點真的讓我感到無比的神奇。

那個時候，對方的內心世界，就像一顆小小的球。

從這個人傳到另一個人。當事人自己都無法掌控的這顆小球，有人可以幫他暫時保管。於是，他的負擔少了，內心本來具有的力量也醒了。

真的很不可思議！再怎麼想，內心世界都不可能是一顆球呀！

當然，臨床心理學中有各種的學說理論，例如「投射性認同」（Projective Identification）或「容納」（Containing）等這些艱澀難懂的專業術語，就是用來解釋「聽的力量」。或者，就像大腦的科學研究，也有所謂的「鏡像神經元」（Mirror neurons）的理論，就是在解釋這種對別人的內心世界也能感同身受的特別細胞。

這些解釋，在某種程度上還是可以讓人信服，讓人覺得「啊！原來是這樣」。

但對我來說，還是覺得實在是太神奇了！

你不覺得不可思議嗎？就只是「讓人聽你說話」就能讓人心情變得輕鬆？**就像一顆球，內心世界真的就像一顆球在這裡，在那裡傳來傳去**，不就像魔法一樣嗎？

至於「聽」的機制到底是什麼，可能就不是那麼重要了。

事實上，所謂的神奇，其實就是每個人都知道的再普通不過的現象罷了。無論是誰，應該都有過那種你對別人說完話之後，壓力釋放的感覺。所以，問題可能是出在，其實我們太容易忘記這種「聽的力量」。

「即使有人聽我說話了，又有什麼意義呢？」

當身處於困境，那樣的孤立無援，內心感受到的只是絕望時，我們常常會忘記「聽的力量」。

不是忘記！是那個所謂的「孤獨」讓我們喪失了這個力量。

重要的是，在不孤獨的時候，我們也要記住這個理所當然又神奇的力量。

這也是為什麼我要寫這本書的原因。

當像球一樣的絕望與孤獨被託付給他人時，內心所騰出來的空間一定要和那個小小的希望建立起關係的連結。

我覺得人與人之間，一定有著這樣神奇的力量。

＊

最後，我們再來總結一下。

這本書想傳達的內容其實很簡單。

聽人說話的技術　本質篇

試著問一聲：「發生什麼事了嗎？」

如果真的說不出口，那就請從「讓人聽你說話」開始吧！

讓人聽你說話的技術　本質篇

試著說：「可以聽我說一下嗎？」

如果現在還沒辦法這麼說的話，那就請從「聽人說話」開始吧！

That's all。

雖然下了這樣的結論，但是如果可以的話，我還是建議最好先從「讓人聽你說話」開始。因為我覺得，人只有在有人聽你說話的時候，才能強烈感受到「聽的力量」。

＊

事實上，這本書也是藉由這樣的力量所創作而成。而聽我說話的人正是《朝日新聞》的記者高久潤先生和筑摩書房的編輯柴山浩紀先生。

寫這本書的起心動念，就是每三個月一次《朝日新聞》的連載「社會季評」，每次高久先生來到我的辦公室，我們總是有說不完的話，他也總是可以聽我滔滔不絕地說了又說，這些連載的「社會季評」大多也都是我們的談話內容所延伸出來的論點。

喔！讀者們千萬不要以為高久先生很沉默寡言喔！他是個很健談的人，有時候我甚至覺得都是他在講話，而我只是默默地聽。總之，只要我們碰在一起，至少都可以聊上二個小時，我們的聊天內容也就這樣不知不覺地就成了我寫季評的架構基礎，真的很不可思議！

而真正決定將這些評論加以編撰，寫成一本書的正是聽我講述想法理念的柴山先生。

經過了與柴山先生的多次討論，最後我們決定先以諮商心理師的角度，將日常的所見所聞與感想，先如實地記錄下來，然後再將這些想法整理成稿。

於是，我們請高久先生扮演了採訪者的角色（這時幾乎都是高久先生在說話！），柴山先生則扮演聽我們說話的角色。那段時間我們在筑摩書房的會議室和新橋的雷諾瓦咖啡廳（Cafe Renoir）的租借會議室進行了談話的演練，柴山先生再將這些對話記錄下來，並以此為基礎撰寫成了這本書的小技巧和解說部分。

換句話說，這本書是透過他們兩位的「聽人說話」和「讓人聽你說話」的角色扮演所孕育而成。

在這種情況下，一般按照出版業界的慣例，最後會加上「書中所引起的一切問題，作者將承擔全部責任」來作總結，但這次我並不打算這麼寫。

因為這個責任並不是只有我，我覺得**他們兩位也應該負起同樣的責任**。

「讓人聽你說話」絕對就是那個隱藏著神奇力量的主體。

這也就是我所謂的**責任的分擔**。

身為作者，我理所當然必須承擔這本書最終的所有責任。同樣地，我們也是生活在一個必須承擔自己全部人生責任的社會。我們要清楚這一點，也無法躲避，不是嗎？這就是社會法則。

然而，當有人願意聽我們訴說我們的痛苦時，或許可能只是一點點、或許可能只是暫時，我們好像都能感受到壓在自己身上的責任似乎被分擔了一些。

責任的一部分就像一顆球，就這樣被傳給了另一個人。那個人也有他所能承受的有限能力，可能就只能幫助你一點點。

儘管如此，你還是可以感受到那個人，正在幫你抬起那個沉重的壓力，可以讓你的心情感到輕鬆不少。

不，並不只是感到輕鬆。

這絕對不僅僅是個人主觀的感受問題。重要的是，我們心裡已經可以確信，如果有一天我們遇到了困難，我們**可以再次尋求那個人的幫助**。

這個時候，我們將不再孤單。
這就是我認為的「聽的力量」。

以上，就是這本書的結論。
所以，如果有任何的問題，請務必告訴高久先生和柴山先生。
不論是批判、或是嚴厲的指正，還是讀後愉快的感覺都可以。

二〇二二年七月四日　於東京北參道的羅多倫咖啡讓人聽我說話之後

東畑開人

＊本書中的案例基於保護個人隱私，所有的臨床經驗均已匿名化、片段化並且重新組合撰寫。

經濟新潮社 〈自由學習系列〉

書號	書名	作者	定價
QD1029	**指揮家之心**：為什麼音樂如此動人？指揮家帶你深入音樂表象之下的世界	馬克·維格斯沃	400
QD1030	**關懷的力量**（經典改版）	米爾頓·梅洛夫	300
QD1031	**療癒心傷**：凝視內心黑洞，學習與創傷共存	宮地尚子	380
QD1032	**英文的奧妙**：從拼字、文法、標點符號到髒話，《紐約客》資深編輯的字海探險	瑪莉·諾里斯	380
QD1033	**希望每個孩子都能勇敢哭泣**：情緒教育，才是教養孩子真正的關鍵	大河原 美以	330
QD1034	**容身的地方**：從霸凌的政治學到家人的深淵，日本精神醫學權威中井久夫的觀察手記	中井久夫	340
QD1035	**如何「無所事事」**：一種對注意力經濟的抵抗	珍妮·奧德爾	400
QD1036	**清晰簡明的英文寫作指南**：從正確用詞到刪除贅字，藍燈書屋文稿總監幫助你提升寫作力	班傑明·卓瑞爾	480
QD1037	**向編輯學思考**：激發自我才能、學習用新角度看世界，精準企畫的10種武器	安藤昭子	450
QD1038	**不用數字的數學**：讓我們談談數學的概念，一些你從沒想過的事……激發無窮的想像力！	米羅·貝克曼	360
QD1039	**男言之癮**：那些對女人說教的男人	蕾貝嘉·索尼特	380
QD1040	**圖解 長新冠康復指南**：咳嗽、腦霧、倦怠，可能是新冠肺炎後遺症，千萬不要輕忽！	平畑光一	320
QD1041	**多巴胺國度**：在縱慾年代找到身心平衡	安娜·蘭布克醫師	450
QD1042	**加密·解謎·密碼學：從歷史發展到關鍵應用**，有趣得不可思議的密碼研究	劉巍然	480
QD1043	**知識的編輯學**：日本編輯教父松岡正剛教你如何創發新事物	松岡正剛	450
QD1044	**間諜解謎**：8個密室逃脫場景，測試你解決犯罪案件的技巧！	葛瑞斯·摩爾博士	330
QD1045	**我會好好聽你說**：對話困難的時代，聽人說話，和讓人聽你說話的技術	東畑開人	360

經濟新潮社　〈自由學習系列〉

書號	書名	作者	定價
QD1001	**想像的力量**：心智、語言、情感，解開「人」的祕密	松澤哲郎	350
QD1002	**一個數學家的嘆息**：如何讓孩子好奇、想學習，走進數學的美麗世界	保羅·拉克哈特	250
QD1004	**英文寫作的魅力**：十大經典準則，人人都能寫出清晰又優雅的文章	約瑟夫·威廉斯、約瑟夫·畢薩普	360
QD1005	**這才是數學**：從不知道到想知道的探索之旅	保羅·拉克哈特	400
QD1006	**阿德勒心理學講義**	阿德勒	340
QD1008	**服從權威**：有多少罪惡，假服從之名而行？	史丹利·米爾格蘭	380
QD1009	**口譯人生**：在跨文化的交界，窺看世界的精采	長井鞠子	300
QD1011	**寶塚的經營美學**：跨越百年的表演藝術生意經	森下信雄	320
QD1014	**設計的精髓**：當理性遇見感性，從科學思考工業設計架構	山中俊治	480
QD1015X	**時間的形狀**：相對論史話（增訂版）	汪詰	420
QD1017	**霸凌是什麼**：從教室到社會，直視你我的暗黑之心	森田洋司	350
QD1018	**編、導、演！眾人追看的韓劇，就是這樣誕生的！**：《浪漫滿屋》《他們的世界》導演暢談韓劇製作的祕密	表民秀	360
QD1019	**多樣性**：認識自己，接納別人，一場社會科學之旅	山口一男	330
QD1020	**科學素養**：看清問題的本質、分辨真假，學會用科學思考和學習	池內了	330
QD1021	**阿德勒心理學講義2**：兒童的人格教育	阿德勒	360
QD1024	**過度診斷**：我知道「早期發現、早期治療」，但是，我真的有病嗎？	H·吉爾伯特·威爾奇、麗莎·舒華茲、史蒂芬·沃洛辛	380
QD1027	**從一到無限大**：科學中的事實與臆測	喬治·加莫夫	480
QD1028	**父母老了，我也老了**：悉心看顧、適度喘息，關懷爸媽的全方位照護指南	米利安·阿蘭森、瑪賽拉·巴克·維納	380

國家圖書館出版品預行編目（CIP）資料

我會好好聽你說：對話困難的時代，聽人說話，和讓人聽你說話的技術／東畑開人著；翁碧惠譯. -- 初版. -- 臺北市：經濟新潮社出版：英屬蓋曼群島商家庭傳媒股份有限公司城邦分公司發行, 2024.12

面；　公分. --（自由學習；45）

ISBN 978-626-7195-81-9（平裝）

1. CST: 人際傳播　2. CST: 說話藝術
3. CST: 溝通技巧

192.32　　113017071